Fritz Mauthner

Die drei Bilder der Welt - ein sprachkritischer Versuch

Mauthner, Fritz: Die drei Bilder der Welt - ein sprachkritischer Versuch.
Hamburg, SEVERUS Verlag 2011.
Nachdruck der Originalausgabe von 1925

ISBN: 978-3-86347-019-7
Druck: SEVERUS Verlag, Hamburg, 2011

Der SEVERUS Verlag ist ein Imprint der Diplomica Verlag GmbH.

Bibliografische Information der Deutschen Nationalbibliothek:
Die Deutsche Nationalbibliothek verzeichnet diese Publikation in der Deutschen Nationalbibliografie; detaillierte bibliografische Daten sind im Internet über http://dnb.d-nb.de abrufbar.

© **SEVERUS Verlag**
http://www.severus-verlag.de, Hamburg 2011
Printed in Germany
Alle Rechte vorbehalten.

Der SEVERUS Verlag übernimmt keine juristische Verantwortung oder irgendeine Haftung für evtl. fehlerhafte Angaben und deren Folgen.

Vorwort des Verlegers

Verehrter Leser,

der SEVERUS Verlag hat es sich zur Aufgabe gemacht, ausgewählte vergriffene Schriften aus dem letzten Jahrtausend wieder zu verlegen. Der schriftlich festgehaltene Teil der Vergangenheit, von Menschen aus der entsprechenden Zeit verfasst, wird so für die Zukunft bewahrt und wieder einer breiten Leserschaft zugänglich gemacht.

Gerade in unserem, dem sogenannten digitalen Zeitalter, ist die Gefahr der Vernichtung und vor allem der Verfälschung von Quellen so groß wie bisher in keiner anderen Phase der Neuzeit. Die Bibliotheken sind gezwungen mit immer geringeren Budgets zu haushalten und können den Interessierten nicht mehr oder nur noch selten den Zugang zu den Schriftstücken im Original gewähren. Die Anzahl antiquarischer Bücher sinkt aufgrund des altersbedingten Verfalls, der unvermeidbaren Zerstörung durch Unfälle und Naturkatastrophen sowie des Abhandenkommens durch Diebstahl stetig. Viele Titel verschwinden zudem in den Regalen von Sammlern und sind für die Allgemeinheit nicht mehr zugänglich. Das Internet mit seinem vermeidlich unbegrenzten Zugriff auf Informationen stellt sich immer mehr als die große Bedrohung für Überlieferungen aus der Vergangenheit heraus. Die Bezugsquellen der digitalen Daten sind nicht nachhaltig, die Authentizität der Inhalte nicht gewährleistet und die Überprüfbarkeit der Inhalte längst unmöglich. Die Digitalisierung von Bibliotheksbeständen erfolgt meist automatisiert und erfasst die Schriften häufig lückenhaft und in schlechter Qualität. Die digitalen Speichermedien wie Magnetplatten, Magnetbänder oder optische Speicher haben im Gegensatz zu Papier nur einen sehr kurzen Nutzungszeitraum. Langzeiterkenntnisse liegen nicht vor oder bestätigen die kürzere Haltbarkeit wie bei der Compact Disc.

Der SEVERUS Verlag verlegt seine Bücher klassisch als Buch in Papierform broschiert, teilweise auch als hochwertiges Hardcover und als digitales Buch. Die Aufbereitung der Originalschriften erfolgt manuell durch fachkundige Lektoren. Titel in Fraktur-Schrift werden in moderne Schrift übersetzt und oft nebeneinander angeboten. Vielen Titeln werden Vorworte von Wissenschaftlern und Biographien der Autoren vorangestellt, um dem Leser so den Zugang zum Dokument zu erleichtern.

Gerne nehmen wir auch Ihre Empfehlung zur Neuauflage eines vergriffenen Titels entgegen (kontakt@severus-verlag.de).

Viel Freude mit dem vorliegenden SEVERUS Buch wünscht
Björn Bedey,
Verleger

Inhalt

	Seite
Die drei neuen Kategorien	1
„Ich spiele Rot"	25
Drei künstliche Sprachen	65
Dreitakt	71
Drei Wissenschaften	76
Wollust	83
Fröhliche Wissenschaft	91
Koordinaten	93
Feuer	99
Wert	112
Wissenschaft	119
Erscheinen — Verschwinden	127
Hume	131
Mathematische Formeln	136
Gedächtnis	142
Typen der Erinnerung	144
Mesmer: blind	147
Ding an sich	150
Fungibel	153
Masse — Materie — Energie	155
Theologische Verben	156
Überall drei Welten	166
Ausklang	167

Einleitung

Kurz vor seinem 70. Geburtstag hat Fritz Mauthner seinen letzten Willen niedergeschrieben, „in ruhigem Ernste, ohne Trauer und ohne Feierlichkeit", wie er im einleitenden Satze versichert. In diesem Schriftstück erwies er mir die Ehre, mich zum Verwalter seines literarischen Nachlasses einzusetzen. „Besonders," so heißt es im Testament, „bitte ich ihn, das kleine Büchlein ‚Drei Bilder der Welt' — mein letztes Wort in meiner Lebensarbeit an der Kritik der Sprache — herauszugeben, falls es bis dahin eine Gestalt angenommen haben sollte, die eine Herausgabe gestattet."

Der Schöpfer der Sprachkritik hätte — das sei gleich im voraus bemerkt — die Gestalt, die seine letzte Schrift seit der Niederschrift dieses Testaments angenommen hat, bestimmt nicht druckreif gefunden. Denn in seinem Nachlaß fanden sich nur Konvolute und einzelne Blätter mit längeren und kürzeren Fragmenten, noch ungesichtet, ungeordnet, ungefeilt. Äußere und innere Gründe haben den Emsigsten aller Geistesarbeiter am Abrunden dieses Buches verhindert.

Zunächst waren die Schaffensstunden seiner letzten Jahre vollauf durch das ungeheure Unternehmen ausgefüllt, mit dem der Siebzigjährige, in Zeiten deutscher Not, die Jüngeren beschämte. Buchstäblich auf dem Schmerzenslager, im Krankenhause zu Konstanz hat er, mit unerhörter Anspannung des Willens, sein vierbändiges Werk „Der Atheismus und seine Geschichte im Abendlande" zu Ende gebracht. Vermummt im Talar des Historikers, spricht auch hier natürlich der Sprachkritiker in einer Arbeit, die ihm unter den Händen wuchs, und die alle Geisteskräfte seiner letzten Jahre aufzuzehren schien.

Aber wer in diesen Jahren vertraute Einkehr im Glaserhäusle halten durfte, in Mauthners Meersburger Zufluchtsstätte, einsam im Walde, hoch oben über den Weinbergen, die sich zum Bodensee hinabsenken, der erfuhr, daß die „Geschichte des Atheismus" andere Pläne vielleicht hemmen, aber nicht ersticken konnte. In seinem Studio, einem Atelierhause im Garten, von dem eine Art Zugbrücke zum winzigen Wohnhause hinüberführt, las er Freunden wohl in einer guten Stunde Proben aus seinen „Drei Bildern der Welt" vor.

Ein Denker wie Fritz Mauthner, dem der Zweifel am Wort zur Natur geworden war, ein Sprecher, der jede Silbe auf der Goldwage wog, hat sich nicht gescheut, diese Schrift sein Vermächtnis zu nennen. Er liebte sie mit einer Leidenschaft, der die Resignation einen schmerzlichen Reiz lieh. Ein müder, verzichtender Blick war in seiner letzten Lebenszeit die Antwort auf die Frage nach dem Fortschreiten seines „letzten Worts".

Vielleicht stürzte er sich gerade deshalb Hals über Kopf in die Fron des historischen Werks, weil er fühlen mochte, daß der Kraft seines Alters die letzten Höhen seines Lebensgedankens nicht mehr zugänglich waren?

Denn auf die höchsten Gipfel der Sprachkritik, in die dünnste Luft der Metaphysik führen die „Drei Bilder der Welt". Viele Fäden verknüpfen sie mit seinem „Wörterbuch der Philosophie" und bald nach der Beendigung dieses Werks mag die Arbeit begonnen haben. Ein Brief aus seinem letzten Herbst, datiert Krankenhaus Konstanz, 10. Oktober 1922, bezeugt wohl das späteste Schaffen am Fragment. Eine harmlos gemeinte Bemerkung in einem meiner Briefe ging ihm, nach seinem Bekenntnis, im Kopfe herum. „Das Nachdenken aber," so schrieb er mir, „führte dazu, daß ein Stück für meine ‚Drei Bilder der Welt' entstand. ‚Schämen', ‚bereuen', ‚sollen' und dergl. gehört der verbalen Welt an, kann sich nur auf Handlungen beziehen; da aber schämen, bereuen, sollen usw. der Welt des wirklichen Werdens ebenfalls nicht angehört, so gibt es eine verbale Scheinwelt, die der Scheinwelt der substantivischen Welt vollkommen entspricht. Sie sehen, lieber Freund, wenn ich einmal sterbe, so muß man meine „Sprachkritik" extra totschlagen."

(Im vorliegenden Druck findet man den hier erwähnten Zusatz unter dem Titel „Theologische Verben".)

*

Der Sprachkritiker Fritz Mauthner konnte für die Erkenntnis der Welt keine andern als sprachliche Kategorien finden. In drei Welten mußte er sie gliedern: Substantiv, Adjektiv, Verbum.

Die substantivische Welt, das ist die Welt der Mystik, der Mythologie, der bloßen Erscheinung, das ist die Abstraktion der -heiten, -keiten, -schaften. Platon ist ihr Erfinder; Geschichte, Jurisprudenz, Theologie sind ihre Wissenschaften.

Die adjektivische Welt, das ist das Reich des Sensualismus, des Materialismus, der Kunst, die sogenannte wirkliche Welt von Stoff und Kraft, in den Grenzen der Naturwissenschaften.

Die verbale Welt ist die Welt der Bewegung, Wirkung, Tätigkeit, mit verborgenen Zwecken, mit Sinneseindrücken, die zu Kräften und Energien werden, das Reich des Heraklit.

Nicht ein Nebeneinander dieser drei Welten gilt es zu sehen. Sondern die Aufgabe heißt: die Weltbetrachtung auf wechselnde Weise einzustellen, um die gegebene Welt bald als Summe von Sinneseindrücken, bald als eine Ordnung von Dingen, bald als eine Reihe von Veränderungen zu erkennen.

Als alter Feind aller Esperantoträume verwirft Mauthner den Versuch, für seine drei Kategorien drei getrennte Sprachen zu erfinden. So bleibt am Ende doch nichts anderes als die schmerzliche Weisheit der Sprachkritik, daß der Menschensprache nur ein Reichtum an Bildern, aber keine Erkenntnis zugänglich sei.

Im Drang, die drei Bilder der Welt zu einem wahren Bilde zu vereinigen, mitten in diesem Drange verstummt die Leidenschaft des erkennenden Geistes in Traum, Wunsch, Sehnsucht.

*

Ein Fragment, kein abgeschlossenes Werk bietet diese Gabe aus Fritz Mauthners Hinterlassenschaft. Aus ihr ist der letzte Aufschwung, die ungetrübte Klarheit seines Geistes zu erkennen. Deshalb allein schon war die Bedingung des Testaments erfüllt, deshalb war die Veröffentlichung gerechtfertigt. Die Resignation ließ diese Schrift nur langsam vorschreiten, aber erst der Tod ließ sie stocken. So bleibt sie Fritz Mauthners Verehrern heilig als sein letztes Wort, als sein Vermächtnis.

*

Für das Sichten, für die Anordnung und Reihenfolge der Blätter muß der Herausgeber die Verantwortung übernehmen. Dem Mauthnerschen Texte wurden nur, zur Gliederung des Fragments, Überschriften der einzelnen Bruchstücke hinzugefügt. Wiederholungen, wie die mehrfach erläuterte Kritik des Kantschen Ding an sich, konnten getrost stehen bleiben, da sie stets neu formuliert schienen. Unfertiges wurde ausgemerzt.

Ob sich die Kettenglieder würdiger auf eine Schnur hätten reihen lassen, das mag die Mauthnerforschung entscheiden. Sie soll ja nun eine Stätte finden, in Mauthners Glaserhäusle, hoch oben in den Weinbergen um die verzauberte Stadt Meersburg. Eine Stätte, die niemand ehrfürchtiger und verständnisvoller bereiten kann als Frau Hedwig Mauthner, die Daseinsgefährtin des Denkers im Dienste seines Lebenswerkes, im Dienste einer schöpferischen Skepsis.

Nikolassee, Ostern 1925.

Monty Jacobs.

Die drei neuen Kategorien

Unsere Welt ist nur einmal da; wir können sie aber nicht auf einmal sehen. So ist auch die Sonne in unserem Planetensystem nur einmal da und wir können sie unmittelbar und mit unbewaffnetem Auge gar nicht sehen, mittelbar, in ihren Wirkungen, nur als Ursache von Erscheinungen gänzlich verschiedener Art wahrnehmen, die wir dann zu unserem Wissen von Licht, Wärme und Elektrizität geordnet haben. Wir können auch die Sonne nur im Bilde erblicken oder in Bildern. Wenn wir in seltener Andacht einen doppelten Mondregenbogen betrachten, so haben wir drei immerhin wesensähnliche Bilder der Sonne vor uns; die Erscheinungen Licht, Wärme und Elektrizität nennen wir nicht gern wesensähnliche Bilder der einen Sonne, wir haben endlose Zeit gebraucht, einige Beziehungen zwischen diesen drei Naturvorgängen zu entdecken. Die „Welt", mit welchem Worte wir nun einmal das Ganze zu umfassen suchen, ob wir es nun kennen oder nicht kennen, ist aber ein noch größerer und verwickelterer Erscheinungskomplex als die Sonne und so werden wir noch längere Zeit brauchen, um hinter die geheimnisvollen Beziehungen der Bilder zu kommen, die sich uns anstatt der Welt selbst darbieten.

Wir haben von der Welt keine anderen Bilder als sprachliche; wir wissen von der Welt nichts, weder für uns selbst noch zur Mitteilung an andere, als was sich in irgend einer Menschensprache sagen läßt. Eine eigene, etwa übermenschliche Sprache hat die Natur nicht; die Natur ist stumm, nur der Mensch kann etwas über sich und die Natur aussagen, über die Welt.

Ich habe schon vor Jahren, in meinem „Wörterbuch der Philosophie" kurz und für mich nicht befriedigend darzustellen gesucht, daß es drei verschiedene Gesichtspunkte gibt, ein Bild von der einen Welt zu gewinnen, daß wir voneinander getrennt ein *adjektivisches,* ein *substantivisches* und ein *verbales* Bild von der Welt uns zeichnen. Ich will jetzt versuchen, die Bedingungen und Besonderheiten dieser drei Bilder zu prüfen. Ich will vor allem die Frage stellen und nicht versprechen, eine eindeutige Antwort geben zu können —, ob es möglich sein wird, die drei Sprachen, in denen diese drei Bilder vor uns entstehen werden, jemals in einander zu übersetzen. Diese drei Bilder so zu einer Deckung zu bringen, daß ein einheitliches und richtiges Bild der einen Welt daraus entstehe.

Ich werde die drei Gesichtspunkte regelmäßig

die drei Kategorien der Welterkenntnis nennen, obgleich ich kein Freund eines überflüssigen Gelehrtenjargons bin; ich habe aber zureichende Gründe, den altersgrauen Begriff „Kategorie" zu gebrauchen, in seinem ursprünglichen Sinne. Ich habe von Trendelenburg („Geschichte der Kategorienlehre" S. 2ff.) gelernt, daß Aristoteles — wie ich es ausdrücken möchte — ausging, eine Tafel der obersten metaphysischen Begriffe zu suchen und nur die bis dahin unbekannten grammatikalischen Begriffe fand, als er seine nachwirksame Kategorientafel aufstellte. Auch die logische Benützung der Kategorien ist bei Aristoteles mehr, als er ahnt, eine Analyse des einfachen Satzes, wohlgemerkt: des griechischen Satzes. Die Kategorien des Aristoteles, an deren Säuberung und Verbesserung die besten Köpfe bis auf Kant viel Mühe verwandt haben, sind nicht mehr und nicht weniger als die obersten Begriffsbestimmungen, die sich von irgend etwas als Prädikate aussagen lassen. Daß Aristoteles just durch seine erste Kategorie seine ganze Tafel in Unordnung gebracht hat, daß nachher mitunter die Zufälligkeiten der griechischen Grammatik noch schlimmere Störungen hervorrufen, gehört nicht hierher. Genug daran: κατηγορειν heißt bei Aristoteles durchaus nichts weiter als „aussagen", κατηγοριαι und κατηγορηματα (praedicamenta) nichts weiter als „Aussagen", bestenfalls „Aussage-Möglichkeiten". Natürlich hätten die späteren Griechen, die Araber und die Scholastiker über diesen schlichten Begriff nicht ganze Bibliotheken zusammenschreiben können, wenn nicht allerlei Rätsel der Grammatik, der Logik und der Ontologie hinter den „Aussagen" verborgen gewesen wären: alle Rätsel der Sprache eben. „Kategorie" wurde zu einem terminus technicus, und blieb ein Kunstausdruck, seitdem das Wort nicht mehr jede beliebige Aussage bedeutete, sondern nur die prädikative Aussage eines obersten Begriffs. In diesem Sinne gehört „Kategorie" zum ältesten Sprachgute der Philosophie. Weil ich nun weder von der alten noch von irgend einer neuen Kategorientafel, weder von grammatikalischen noch von logikalischen Kategorien einen Nutzen für die Erkenntnis der Welt erwarte, sogar den schädlichen Einfluß von Grammatik und Logik durchschaut zu haben glaube, weil ferner ein veralteter Terminus am besten dadurch unschädlich gemacht wird, daß man an ihm einen Bedeutungswandel vollzieht und so die veraltete Bedeutung aufhebt, darum will ich die drei Aussage-Möglichkeiten, auf denen unsere drei allein möglichen Weltbilder beruhen, die drei Kategorien nennen. Wir werden am Ende der Untersuchung erfahren, daß es sich auch da um sprachliche Entdeckungen oder Erfindungen handelt, daß die drei Kategorien, oder Gesichtspunkte, oder Aussage-Möglichkeiten zu der Forderung führen, für die Erfassung der adjektivischen, der substantivischen und der verbalen Welt je ein neues Werkzeug, je eine neue Sprache auszubilden. Wäre ich ein Sprachreiniger, so hätte ich anstatt „Kategorien" wohl gar „Aussäglichkeiten" sagen können; aber über das schlechte alte Wort wird niemand klagen, vor dem guten neuen Wort hätte man sich entsetzt. Vorläufig will ich nun an einem einzigen Punkte den Unterschied meiner neuen Kategorienlehre von den alten zu zeigen versuchen. Die alten Kategorientafeln, so verschieden sie untereinander waren, glaubten an die Wißbarkeit der Welt durch die Sprache, glaubten an eine innere Logik der Menschensprache, glaubten an die Möglichkeit, mit Hilfe der hominstischen Sprache an die nichthominstische Natur herankommen zu können. Wohl hatten einzelne Denker erkannt, daß die bestehenden Volkssprachen dem Ideal eines Erkenntniswerkzeuges nicht entsprachen; da hoffte man dann auf eine philosophische Sprache, welche die Mängel der geschichtlich gewordenen Sprachen tilgen sollte; darin aber waren eigentlich alle Philosophen rationalistisch, daß sie mit den Mitteln der Menschensprache, die der gemeinsame Menschenverstand geschaffen hatte, ein durchaus ähnliches Bild der Welt herzustellen hofften. Ich weiß, daß ich da wieder an dem Schlagworte Rationalismus einen Bedeutungswandel vornehme, wie denn überhaupt der Sprachkritiker verurteilt oder belohnt ist durch die Pflicht oder das Recht, jeden Begriff seiner wissenschaftlichen Sprache etwas anders zu gebrauchen, als es hergebracht ist; wie denn überhaupt die Notwendigkeit, jedes überlieferte Wort auf seine Übereinstimmung mit der (Sprache) Sache zu prüfen, wiederum das Bedürfnis der Sprachkritik beweist. Rationalistisch scheint mir also jede Art von Philosophie, ob sie sich nun selbst für theologisch, für idealistisch, für materialistisch oder für kritisch hält, die den Aberglauben nicht preisgegeben hat, in der Menschensprache ein Bild der Natur zu besitzen, durch die Menschensprache ein Bild der Natur herstellen zu können; der Aberglaube an die Sprache kann erst überwunden werden durch die Erkenntnis, daß Sprechen und Denken eine und dieselbe Tätigkeit des Menschen ist und nicht etwa bloß die Sprache — wie man zu sagen pflegt — ein Werkzeug des Denkens; durch die Erkenntnis, daß Vernunft (ratio) und Sprache Wechselbegriffe sind. Für den Schüler der Sprachkritik wird es übrigens keine Überraschung sein, daß auch der religiöse Aberglaube, z. B. der Glaube an die beste der Welten, nur ein besonderer Fall des allgemeinen Sprachaberglaubens ist; man stellt einfach an die göttliche Weltregierung, welche die Welt und den Menschen und die Sprache geschaffen hat, auch noch die Forderung, eigentlich eine sittliche Forderung, die Sprache, irgend eine beliebige und zufällige Menschensprache *müsse* der Natur entsprechen, müsse für ein ähnliches Bild der Natur verwendbar sein.

Für die Einschränkung der Kategorienzahl auf drei Aussäglichkeiten, könnte ich mich auf Laurentius Valla berufen, den scharfsinnigen Gegner des Aristoteles, den Bibelkritiker, der bereits vor der Mitte des 15. Jahrhunderts die Zehnzahl der Kategorien, die Aristoteles (nach einem Worte Kants) „zusammengerafft" hatte, ablehnte und nur drei Aussage-Möglichkeiten anerkannte: substantia, qualitas, actio.

Valla, nach Luthers Scherz der beste Wal unter den Humanisten, hat vielleicht stärker als irgend ein anderer zur Befreiung von der mittelalterlichen Autorität der Kirche beigetragen; mit dieser seiner aufklärerischen Leistung werde ich mich in anderem Zusammenhange zu beschäftigen haben. Hier mag die Bemerkung genügen, daß seine Quaestiones dialecticae bald nach 1430 geschrieben wurden, aber erst nach seinem Tode durch die neue Kunst des Buchdrucks vervielfältigt wurden; bezeichnend ist es, daß Hutten und Erasmus zu seinen ersten Herausgebern gehörten. Valla hatte vielleicht noch mehr durch den Ton als durch den Inhalt seiner

Schriften den Zorn der anderen Gelehrten erregt, nicht nur den Zorn der Altgläubigen; sein Todfeind Poggio war ja selbst ein Neuerer. Man warf dem kecken Valla außer infamierenden sittlichen Schwächen namentlich Epikuräismus und Ketzerei vor, was ja gegenüber dem Kritiker der konstantinischen Schenkung und des Apostolicums nicht Wunder nehmen kann. Auch war damals schon ein Ketzer, wer die Autorität des Aristoteles nicht durchaus anerkannte. So wurde es denn auch als eine Ketzerei angerechnet, daß Valla nur drei Kategorien oder — wie ein Gegner sich ausdrückte — nur drei innere Sinne zugab: einen für die Gegenstände oder Substanzen, einen für deren Eigenschaften, einen für deren Tätigkeiten.

Wenn ich die drei Kategorien Valla's in dieser Weise anordne — so daß nämlich die Eigenschaften und Tätigkeiten *an* den Substanzen wahrgenommen werden, also eigentlich Prädikate niedrigeren Ranges sind als die Substanzen —, so habe ich bereits den Hauptunterschied vorweg genommen, der meinen neuen Versuch einer Kategorientafel von allen anderen Kategorienlehren trennt, auch von der scheinbar so ähnlichen Valla's.

Ich erblicke in den Vorstellungen der adjektivischen, der substantivischen und der verbalen Weltanschauung drei gleichwertige, gleich richtige und gleich einseitige Bilder der Welt; in allen anderen

Kategorientafeln, vor allem heimlich in der des Aristoteles, hat die erste Kategorie, die der Substantive, einen Vorzug vor den anderen, ist irgendwie immer das Subjekt, auf welches sich die anderen Kategorien erst als echte Kategorien oder Prädikate beziehen. Valla, der zunächst ein Philologe ist und überhaupt gern von sprachlichen Fragen ausgeht, hat diese Sachlage gut durchschaut, so weit es den Aristoteles betrifft; er machte sich sogar darüber lustig, daß der Grieche an die Spitze seines Systems das Seiende gestellt habe, also ein Participium, das ohne ein anderes Substantivum gar nicht gedacht werden könne. Valla hat aber nicht bemerkt, daß es um seine eigene Dreiheit ebenso stehe: daß die Substanz das heimliche Subjekt sei, Eigenschaften und Tätigkeiten die Prädikate dazu.

Ich brauche kaum ausdrücklich zu versichern, daß Laurentius Valla, so entschieden er auch die alte Schullogik bekämpfte, mit seinen drei Kategorien von meinem sprachkritischen Standpunkte weit entfernt war; nur die Bezeichnungen decken sich ungefähr: die substantia mit der substantivischen, die qualitas mit der adjektivischen, die actio mit der verbalen Welt. Worauf ich hinaus will, das mag vorläufig eine Vergleichung meiner dreiteiligen Kategorientafel mit einigen alten und heute noch bestimmenden philosophischen Systemen andeuten.

Das nach der adjektivischen Kategorie geordnete adjektivische Weltbild entspräche ziemlich gut dem Weltbilde der Materialisten oder Sensualisten, wenn diese einseitigen Aufklärer nur mit ihrem Sensualismus Ernst gemacht und aus ihrer Sprache alle Vorstellungen verbannt hätten, die noch aus einer anderen Quelle als der der reinen Sinnlichkeit herkommen. Hätten diese Denker ihren uralten Lieblingssatz („Nichts ist im Denken, was nicht vorher in den Sinnen war") streng befolgt, so hätten sie weder von den Gegenständen im Raume noch von den Veränderungen in der Zeit etwas wissen dürfen, so hätten sie auf Grund der Gemeinsprache, nur etwa durch Weglassung der Substantive und Verben, ein unvollständiges, unbefriedigendes, oberflächliches, aber immerhin folgerichtiges Bild der den Sinnen zugänglichen Welt sprachlich herstellen können; ich habe oft behauptet, unsere geschichtlich gewordenen Gemeinsprachen seien wesentlich materialistisch und darum für eine Erkenntnis der Welt ungeeignet; ich kann jetzt genauer sagen: unsere Gemeinsprachen sind wesentlich adjektivisch, sind sogar in ihren substantivischen Teilen heimlich adjektivisch und haben, wenn sie der Welterkenntnis dienen sollen, eine Ergänzung durch substantivische (mystische) und verbale (naturwissenschaftliche) Begriffe nötig. Diese Ergänzung ist vom Standpunkte des Sensualismus — aber nur von diesem einseitigen Standpunkte aus — übersinnlich zu nennen, supranaturalistisch, metaphysisch; die Einführung dieser drei gleichwertigen Begriffe soll nur eine und dieselbe Ergänzung des adjektivischen Weltbildes bedeuten und mag gleich an der Schwelle darüber belehren können, daß die Sprachkritik, indem sie das adjektivische Weltbild aus der Sprache herauszuschälen sucht, doch auf die übersinnliche Welt des Seins und des Werdens nicht verzichtet, wie der konsequente Materialismus tun müßte; nur daß weder die gemeinen Supranaturalisten mit meiner Mystik, noch die gemeinen Naturwissenschaftler mit meinem Ursachbegriff einverstanden sein werden.

Die naive Philosophie der Menschensprache hat ja von jeher, wie das auf der Hand liegt, die Ergänzung der sensualistischen oder adjektivischen Begriffe durch grobe substantivische und verbale Vorstellungen vorgenommen; alle unsere Gemeinsprachen bilden so einen Mischmasch aus meinen drei Kategorien oder Welten, es wimmelt in der adjektivischen Gemeinsprache von Substantiven und Verben. Aber auch die beiden einzig möglichen übersinnlichen, überadjektivischen Weltanschauungen haben schon sehr früh ihre einseitigen Bildner gefunden, die substantivische Welt in Platon, die verbale Welt in dem viel später erst nachwirksamen Herakleitos; ich habe nicht die Absicht, hier Geschichte der Philosophie vorzutragen und will mich darauf beschränken, einen Zusammenhang zwischen meinen Einzelkategorien und diesen berühmten Systemen herzustellen, nicht um mich auf Platon oder Herakleitos zu berufen, sondern nur um vor der Gefahr der Einseitigkeit des substantivischen und des verbalen Weltbildes zu warnen.

Platon wollte, einerlei unter welchen Einflüssen, über die ungegenständlichen und unwirklichen, nichtseienden Sinneswahrnehmungen hinaus zu der Erkenntnis des Seins vordringen und erfand die substantivische Welt: die Ideen wurden ihm zu Urbildern der in ihrem Nichtsein durchschauten Dinge der Sinnenwelt. Dadurch, daß diese Ideen zugleich so etwas wie Ursachen der sinnlich wahrnehmbaren Einzeldinge waren, vermengte er freilich ahnungslos das substantivische Weltbild wieder mit dem verbalen. Er beging zwei Jahrtausende vorher schon den offenbar unausweichlichen Fehler, den Kant wiederholte, als er das Ding-an-sich zur Ursache der Erscheinung machte; weil aber diese Verirrung des Platonismus keine schlimmen Folgen hatte und vor der Arbeit an der neueren Naturwissenschaft keine Folgen haben konnte, lasse ich es bei dieser Andeutung bewenden. Wichtiger und für meinen Zweck belehrender mag ein Hinweis darauf sein, daß der Platonismus zwar eigentlich mit dem Idealismus zusammenfällt, welcher nur den Ideen und nicht den sinnlichen Dingen ein Sein zuschreibt, daß aber auch der Gegensatz des Idealismus, der dem Sensualismus verwandte Realismus, aus dem Platonismus hervorgehen kann, sobald erst Stufen und Grade von Ideen angenommen werden, sobald erst den Arten und Unterarten und endlich auch den Einzeldingen besondere Ideen so ungefähr als Schutzengel beigegeben werden, sobald erst — und Platon war wie alle Griechen ein unkritischer Geist — jedem Gattungsbegriffe, und dazu allen möglichen Dingen, Eigenschaften und Beziehungen, besondere Ideen zugeschrieben werden. Es scheint, daß Platon selbst erst in seinem höheren Alter seine eigene Ideenlehre feierlich und priesterlich nahm und unter Ideen nur die wertvollen Ideen verstanden wissen wollte; seinem ursprünglichen Gedanken liegt die Unterscheidung zwischen Idee und Erscheinung, zwischen substantivischer und adjektivischer Welt also näher, näher aber auch die Gefahr, in jedem realen Einzelding das Nachbild eines Urbildes zu erblicken, das εἴδωλον einer Idee.

Wie weit auch Platon davon entfernt war, mit seiner Ideenlehre bewußt die eine der drei möglichen Kategorien der Welterfassung aufzustellen, die substantivische Welt als eines der drei Teilbilder zu begreifen, erhellt noch deutlicher daraus, daß im Mittelalter der große Kampf zwischen Wortrealismus (nicht zu verwechseln mit dem eben erwähnten erkenntnistheoretischen oder naiven Realismus) und Nominalismus an die Ideen oder Gattungsbegriffe Platons anknüpfen konnte. Ich weiß wohl, daß erst die sprachlichen und logischen Untersuchungen, die durch Aristoteles und seine Nachfolger in Angriff genommen wurden, daß zuletzt erst durch die Nötigungen der christlichen Theologie der ganze Streit so heftig wurde, aber der Streit drehte sich immerhin nur um die Frage: sind die Ideen oder Gattungsbegriffe höhere Wirklichkeiten oder aber gar keine Wirklichkeiten. Innerhalb der Scholastik waren die Nominalisten — vom Standpunkte der menschlichen Geistesentwicklung betrachtet — die Vertreter der Aufklärung und brachen eine Bahn zum modernen Psychologismus und zur Sprachkritik, waren die Wortrealisten die Vertreter eines theologischen Scheinwissens, eines supranaturalistischen Wortaberglaubens. So haben wir uns gewöhnt die kämpfenden Parteien anzusehen, gewiß nicht ganz mit Unrecht. Wer aber jetzt mit mir die Möglichkeit erwägt, die Welterfassung durch die drei Teilbilder zu trennen, um sie nachher womöglich wieder zu vereinigen, der stellt sich doch auf eine höhere Warte, als selbst die der menschlichen Geistesentwicklung war, und kann weder für die Wortrealisten noch für die Nominalisten einseitig Partei ergreifen. Alle Philosophie bis auf diese vorläufig letzte Fragestellung der Sprachkritik ist, wie gesagt, Rationalismus oder Wortabhängigkeit. Rationalisten im Sinne der Aufklärung waren selbstverständlich die Nominalisten, die so früh die Gattungsbegriffe und somit alle Substantive als Erzeugnisse des menschlichen Gehirns erkannten; Rationalisten, etwa im Sinne Hegels, waren aber auch die Wortrealisten, die die Erscheinungen der sensualistischen oder adjektivischen Welt übersehen *wollten* und sich jenseits der Erdenwelt eine substantivische Welt aufbauten, in der die Begriffe oder Ideen sich nach eigenen Gesetzen bewegten, unbekümmert um die sinnlichen Eigenschaften ihrer körperhaften Erscheinungen. Diese Wortrealisten durften sich mit um so besserem Gewissen für die echten Schüler Platons halten, als die Annahme einer unkörperlichen Ideenwelt bei Platon selbst äußerst unklar ausgesprochen war; die Gleichsetzung von Ideenwelt und Geisteswelt ist viel spätere Zutat; das Reich der Ideen umfaßt, wenigstens in der ursprünglichen Anlage, nicht nur die allgemeinsten, höchsten und wertvollen Ideen (des Schönen, des Guten), sondern die substantivischen Urbilder jeder Erscheinung, mag sie auch häßlich oder niedrig sein; das Reich der Ideen wurde so der Zufluchtsort des Künstlers oder des Frommen, der sich an den Erscheinungen der sinnlichen, adjektivischen Welt nicht beschmutzen wollte. Ein Christ war Platon freilich nicht gewesen, aber ein Künstler und ein Mystiker. Und da ist es von einer Bedeutung, die gar nicht überschätzt werden kann, daß der einzige große deutsche Mystiker, der Meister Eckhart, der leidenschaftliche Gottsucher und Ketzer, der mit seinen Gedanken die geistigen Fortschritte der Theologie und Philosophie befruchtet hat, kein Aufklärer war, kein Nominalist, sondern — wie nachher die Reformatoren Wiclef und Hus — ein Anhänger des Wortrealismus, noch dazu ein treuer Schüler seines Ordenslehrers, des heiligen Thomas; für Meister Eckhart war die substantivische Welt wahrer als die adjektivische — wenn er das auch nicht so aussprach, die ideelle Wirklichkeit wahrer als die gemeine körperliche Wirklichkeit, die Erkenntnis das wahre Sein, so daß — ich glaube nicht mit dem Worte zu spielen — selbst diese reinste Mystik ein heimlicher Rationalismus war. Weil nämlich die Wortrealisten in ihrer streitlustigen Beschränktheit ihre substantivische Welt für die bessere, schönere und wahrere Welt hielten, nicht für eines der drei gleichberechtigten Bilder der Welt halten konnten; weil sogar Meister Eckhart in der „genaturten Natur", der sinnfälligen oder adjektivischen, so ungefähr einen Abfall sah von der „ungenaturten Natur", dem obersten Substantivum, dem einzigen Sein, dem Gotte.

Noch einmal: ich habe den alten Platon bemüht, nicht um alte Flicken auf ein neues Gewand zu nähen, sondern wirklich nur um durch die Gegenüberstellung meiner substantivischen Kategorie und der erstaunlich langlebigen Ideenlehre zu zeigen, wie sogar dieser Lehrer einer scheinbar substantivischen Welt nicht daran dachte, seine unerhörte Weltanschauung als ein bloßes Weltbild vorzulegen oder gar als ein Bild neben zwei anderen gleichwertigen, ebenso ähnlichen und ebenso unähnlichen Weltbildern.

Die Quellen über die Lehre meines alten Kronzeugen einer verbalen Welterfassung, des Herakleitos, fließen viel spärlicher als über Platons Ideenlehre, so daß niemals mehr genau auszumachen sein wird, wie wir seine Gedanken in unserer Sprache etwa ausdrücken könnten; der Mann, der bereits den Griechen der klassischen Zeit der Dunkle hieß, ist natürlich für uns trotz aller Forschungen nur noch dunkler geworden. So viel aber ist gewiß, daß er sich von den vorausgegangenen Naturphilosophen dadurch unterschied, daß er den substantivischen Begriff des Seins in den verbalen Begriff des Werdens auflöste. „Alles fließt"; dieser bewußt und groß hingestellte Satz machte einen tiefen Eindruck, und die in seine Tiefe nicht eindrangen, wie Platon, halfen sich wohl mit dem törichten Spaße, die Anhänger des Herakleitos die

Fließenden zu nennen. Noch schlagender ist das Bild, es könne niemand zweimal in den gleichen Fluß hinabsteigen; es ist keine Übertreibung des Gedankens, es ist nur ein Zuendedenken, wenn hinzugefügt worden ist: es gibt weder einen bleibenden Fluß, noch einen bleibenden Menschen, der hinabstiege. Es gibt kein Sein, es gibt nur ein Werden. Dem widerspricht es nicht einmal, wenn auch Herakleitos wie die anderen Naturphilosophen ein substantivisches Element zum Urgrund des Alls macht, das Feuer; denn in der vorwissenschaftlichen, vorkritischen und sogar vorgrammatischen Sprache seiner Zeit brauchte das Feuer gar keinen Stoff zu bedeuten, wie es ja wirklich für unsere Erkenntnis kein Stoff mehr ist; mit seinem Flackern, mit seiner unaufhörlichen Bewegung ist das Feuer sogar ein vortreffliches Symbol für das verbale Weltbild des ewigen Werdens. Wir, mit unserem exakten Wissen von den chemischen Bedingungen des Feuers, können uns nur mühsam eine Vorstellung machen von der leichten Unbekümmertheit, mit der so ein Denker 500 Jahre vor Christi Geburt „Feuer" sagte und je nach Umständen an die Eigenschaft der Wärme oder an einen farbigen Gegenstand oder an die Tätigkeit des Emporzüngelns dachte. Man könnte sich verführen lassen — wie denn auch die anderen „Elemente" der Griechen höchst unbestimmte Begriffe sind — für

Feuer die Wärme einzusetzen und dem alten Ephesier so ungefähr die ganz moderne Lehre von einer Umwandlung der Wärme in Tätigkeit oder Arbeit unterzulegen, am Ende gar geistreich in seinem geheimnisvollen „Weg nach abwärts" eine Vorahnung der gegenwärtigen Wärmetheorie zu sehen, die jede Arbeitsleistung der Wärme an einen Weg nach abwärts bindet; aber das wäre eben nur geistreich und durchaus ungeschichtlich.

Herakleitos war ein Metaphysiker, aber kein Physiker, und er war ein Metaphysiker in buchstäblichem Sinne, da er vom Truge der Sinne ausging und so zu seiner übersinnlichen Welterfassung gelangte. Alle diese „vorklassischen" Philosophen waren darin einig, daß sie den Angaben der Sinne mißtrauten, also die adjektivische Welt als einen Schein erkannten; während aber die Eleaten mit viel Witz und noch mehr Sophistik auch die verbale Welt leugneten und die substantivische Welt in gewagten Abstraktionen für das einzige Sein erklärten, näherte sich Herakleitos wirklich dem, was uns heute Welterkenntnis oder Naturwissenschaft ist, indem er die substantivische und die adjektivische Welt als Schein oder Erscheinung immerhin verstand und nur in der Veränderung, dem Wandel, der Tätigkeit das eigentliche Wesen dieser Scheinwelt erblickte. Gegenüber dem naiven Realismus der Menge, die sich auf die immer sensualistische

Gemeinsprache verläßt, den adjektivischen Sinnesangaben vertraut und so zum Glauben an eine substantivische Welt fortschreitet, konnte der Zweifel an der Wahrhaftigkeit der Sinne als Skeptizismus erscheinen; wie denn auch die Überlieferung den berühmten Skeptiker Ainesidemos zu einem Anhänger des Herakleitos gemacht hat. Für den Standpunkt der aufklärerischen Entwicklung des Menschengeistes mag Herakleitos dadurch ein noch größeres Interesse gewinnen; wir begnügen uns mit der Feststellung, daß er als erster das verbale Weltbild hingestellt hat.

Auch er hat die beiden anderen Weltbilder oder Kategorien nicht als gleichwertige Ergänzungen angesehen, hat das substantivische und das adjektivische Weltbild für einen Schein genommen, nur den Fluß des Werdens für Wirklichkeit. Doch hat er wenigstens den Schein oder die Erscheinung nicht geleugnet, wie die Eleaten das Werden, wie Platon die Sinnenwelt. Er allein beging nicht den Fehler, der im Lebenswerke von Kant nur auffallender ist als sonst: sich vom naiven Realismus der Sprache verführen zu lassen, hinter den Dingen als Urgrund wieder ein Ding zu suchen, und wäre es auch nur das farblose und untätige Ding-an-sich.

Meine Berufung auf Laurentius Valla, der nur drei von den zehn oder fünfzehn Kategorien des Aristoteles gelten ließ, meine Berufung auf Platon und Herakleitos, die beide das sensualistische Weltbild als einen Schein erkannt hatten, doch so, daß Platon die Ideen hinter dem Schein suchte, Herakleitos aber nichts Seiendes, alle diese Berufungen habe ich mit einer heimlichen Nebenabsicht vorgetragen. Ich wollte die Schwierigkeit meines Gedankens weniger fühlen lassen, wollte an bekannte Sätze aus der Geschichte der Philosophie anknüpfen, aber dennoch den Abstand zwischen meinen drei Kategorien und den Wagnissen jener alten Lehrer nicht verwischen lassen. Die letzte Bemerkung, der Hinweis auf den Schulschnitzer Kants — daß er nämlich die Kausalität als eine Anschauungsform der Vernunft erkannt hatte und dennoch das Ding-an-sich zur Ursache der Erscheinungen machte — gibt mir nur willkommene Gelegenheit, meine Absicht weiter zu verfolgen. Ich habe die drei einzigen Weltbild-Möglichkeiten, die drei Gesichtspunkte mit Benützung eines alten Wortes die drei Kategorien genannt. Wenn ich nun sehe, daß ein so außerordentlicher Geist wie Kant der Gefahr unterlag, die Kategorien ontologisch zu nehmen und nur darum hinter den Dingen andere Dinge zu suchen, daß ein so außerordentlicher Geist wie Platon 2000 Jahre früher noch plumper in die gleiche Falle fiel, daß ein so kühner Geist wie Herakleitos nur den entgegengesetzten Fehler beging, da er nach Entdeckung der verbalen Welt die adjektivische und die substantivische einfach leugnete, dann kann ich kaum hoffen, glücklicher gewesen zu sein als solche Vorgänger. Ich kann aber aus ihren Fehlern lernen und wenigstens die eine Gefahr vermeiden, die darin lag, daß sie die Kategorien der Weltbetrachtung ontologisch nahmen. Eigentlich fragten sie immer nach dem Seienden und ahnten gar nicht, wie falsch die Fragestellung für einen war, der unter dem Seienden die sensualistische oder die verbale Welt verstand. Ontologisch wurden die Kategorien freilich erst in einer späteren Zeit; Herakleitos und Platon besaßen den Kunstausdruck Kategorie noch nicht und für Aristoteles waren die Kategorien nach ihrer Anwendung logisch, nach ihrer Herkunft grammatisch. Als das Schlagwort nachher so etwas wie die obersten Gattungsbegriffe bedeutete — Begriffe, Aussage-Möglichkeiten wohlgemerkt, nicht oberste Dinge, — da konnte es nur allzu leicht zu einem der Ungeheuer der Ontologie oder gar der Metaphysik werden und ist es geworden. Vor solcher Abirrung glaube ich mich dadurch am besten zu hüten, daß ich mich mit meinen drei Kategorien, ihrer Herkunft und ihrer logischen Verwendungsmöglichkeit wohl bewußt, bescheiden auf das Gebiet der Psychologie zu beschränken suche. Falls nämlich, wie ich allerdings glaube, die Gesamtheit der erkenntniskritischen Fragen psychologischer

Art ist. Ich verkünde also nicht einseitig mit dem naiven Realismus oder mit Platon eine ausschließlich substantivische Welt irdischer oder überirdischer Abkunft, nicht einseitig mit der naiven Naturwissenschaft eine ausschließlich verbale Welt des dinglosen Werdens, ich verkünde aber auch nicht — und dieses Mißverständnis muß ich besonders abwehren — ein Nebeneinandersein dieser drei Welten, sondern ich bemühe mich aufzuzeigen, wie wir unsere Weltbetrachtung bald so bald so einstellen, um die eine gegebene Welt abwechselnd bald als eine Summe von Sinneseindrücken, bald als eine Ordnung von Dingen, bald als eine Reihe von Veränderungen zu sehen und anzusprechen. Nur so will ich es verstanden wissen, wenn ich die drei einzig möglichen Anschauungen Kategorien oder Aussäglichkeiten nenne.

Bevor ich daran gehe, meinen neuen drei Kategorien der Weltanschauung untereinander und wiederum von den ihnen entsprechenden grammatischen Kategorien zu unterscheiden, will ich jetzt diese schwierigen Vorstellungen dadurch einüben, für mich und meinen Leser, daß ich zuerst an einigen geeigneten Worten der Gemeinsprache, dann an einem möglichst gewöhnlichen Satze, und endlich an den drei populärsten Begriffen der Metaphysik (Gott, Freiheit und Unsterblichkeit) zeige, wie unbeholfen unser Wissen und Denken von einem Gesichtspunkte zum anderen hinüberschwankt, solange wir nicht begriffen haben, daß wir unsere Wahrnehmung durchaus und grundsätzlich verschieden einstellen, wenn wir die einzige Welt bald als adjektivische, bald als substantivische, bald als verbale Welt betrachten. Auf die Reihenfolge meiner drei Kategorien lege ich nicht den geringsten Wert; nur weil die alphabetische Folge zufällig vielleicht der entwicklungsgeschichtlichen entspricht, will ich an erster Stelle das Adjektiv „*schön*", an zweiter Stelle das Raumwort „*Feuer*" und erst an dritter Stelle das Zeitwort *leben* von einigen Seiten ansehen.

Wenn der unwirkliche Himmel auf uns den Sinneseindruck der Bläue macht, wenn der Himmel *blau* ist, so nennen wir wohl den Tag einen *schönen* Tag; wir nennen auch Natur- und Kunstgebilde, Menschen und Bilder *schön*, wenn ... ja, wenn sie uns gefallen; nach der sogenannten Analogie, die in der Sprache so überaus mächtig ist und darum im Denken ebenso mächtig sein muß, haben wir da ein Adjektiv gebildet, das zwar keinen einfachen und unmittelbaren Sinneseindruck bezeichnet, aber sich dennoch als Prädikat von Subjekten oder Substantiven aussagen läßt.

* * *

„Ich spiele Rot"

Die Welt ist nur einmal da. Diese Einsicht der wahre Monismus.
Es gibt aber viele, unzählige Standpunkte, die Welt zu betrachten. Auch diese Standpunkte sind nicht außer der Welt, sind *innerhalb* der Welt, im menschlichen Geiste — abgesehen von den Standpunkten der Tiere, der Pflanzen, der Krystalle, der „formlosen" Körper — und der Geist gehört mit zur Welt oder zur Natur.
Von diesen Standpunkten und den so gegebenen Betrachtungsweisen sind drei von selbst ausgezeichnet, d. h. von der Geschichte oder von der Entwicklung der menschlichen Vernunft oder von der Sprache. Wie unter den Wörtern drei ausgezeichnet sind dadurch, daß sie Wirklichkeiten bezeichnen wollen und nicht bloß Beziehungen von Wirklichkeiten. Wir haben da Dingwörter, Eigenschaftswörter und die noch viel rätselhafteren sogenannten Zeitwörter. Jede dieser Wortgruppen gibt uns von der einen Welt ein anderes Bild, in diesem Falle darf man wirklich sagen: eine andere Weltanschauung; mehr als ein Bild nie, weil die Sprache über-

haupt nur zu Bildern tauglich ist, nicht zur Erkenntnis, zum Begreifen eines Wirklichen. In diesem Sinne spreche ich — um doch die geläufigen Schulausdrücke zu bemühen — von einer substantivischen, einer adjektivischen, einer verbalen Welt.

Im Verbum steckt — so weit die Sprache nicht plötzlich und eigensinnig eigene Wege ging — ein Zweck verborgen; eine Absicht des Handelns, ein unbewußtes Ziel der Übung, eine Richtung der organischen Entwicklung. „Schreiben, atmen, wachsen." Ich glaube nicht an eine geheimnisvolle Macht der Sprache: daß das Verbum z. B. Zeitwort heißt, weil zur Erreichung eines Zweckes, zu einem Werden, zur Änderung des Zustandes immer Zeit gehört; doch ein richtiger Instinkt hat unsere Sprachen den Zeitbegriff mit dem Zeitwort unlöslich verknüpfen lassen. Die verbale Welt ist die Welt der Zwecke, der Absichten, der Ziele, der Richtungen. Der Darwinismus hat den Zweckbegriff aus der Welt schaffen wollen; es gibt aber nach wie vor eine Welt der Zwecke, von der wir nicht wissen, wessen täuschendes Bild sie ist. Wie der Ursachbegriff durch Hume nicht beseitigt worden ist.

Im Substantiv ist ein Schein verborgen. Die „Dinge" können unmöglich noch einmal sein, noch zweimal sein, außerdem daß sie Eigenschaften haben und durch diese Eigenschaften oder Kräfte auf unsere Sinne wirken und — indem sie aufeinander wirken — die verbale Welt des Geschehens schaffen. Die substantivische Welt allein ist das, was wir seit Berkeley und Kant als bloße Erscheinung erkannt haben. Nur daß wir nicht wissen, wovon diese substantivische Welt eine Erscheinung ist.

Die adjektivische Welt, die wir jetzt auch die psychologische und in diesem Falle gleichwertig die physiologische Welt nennen dürfen, ist für den ersten Blick, für den mechanistischen Blick der echten Sensualisten, die wirkliche Welt. Bis wir erkannt haben, daß die verbale Welt der Zwecke erst die Sinnesorgane geschaffen hat, Zufallssinne übrigens, die uns allein als Werkzeuge zum Erfassen dieser vermeintlichen Wirklichkeit dienen. Abgesehen also davon, daß unsere Zufallssinne ganz gewiß nur zu einem kleinen Ausschnitt der „Wirklichkeit" passen, wissen wir nicht, was das ist, wofür die verbale Welt die Sinnesorgane geschaffen haben mag.

So ist die Frage nach dem Ding-an-sich zwar nicht beantwortet, aber doppelt müßig gemacht. Jede der drei Welten ist ein Ding-an-sich für die beiden anderen: das Ding für die Eigenschaft und das zweckvolle Geschehen, das Geschehen für das Ding und „seine" Eigenschaften, die Eigenschaft oder Kraft für das Ding und für das Geschehen. Aber die Welt ist dennoch nur einmal da. In dieser einen, für uns nur nicht von einem einzigen Standpunkte aus (wenn überhaupt) sichtbaren, greifbaren Welt wird immer das zur Illusion, worauf wir just unsere Aufmerksamkeit richten, und das zur scheinbaren Wirklichkeit, wovon wir just absehen. Wenn wir die Eigenschaften der Dinge als eine subjektive Erscheinung, als eine Wirkung von Schwingungen auf unsere Sinne durchschaut haben, so beruhigen wir uns gern dabei, die Dinge selbst oder doch die substantivischen Namen der Kräfte als die Dinge-an-sich zu betrachten; und wenn wir hinter dem ewigen Wandel der Veränderungen kein zweckmäßiges Geschehen mehr finden, so scheinen uns wieder die Dinge selbst oder doch die ewigen Gesetze einen Halt zu geben. Ebenso: wenn wir nicht nur die Eigenschaften als ein Produkt von unbekannten Schwingungen und zufälligen Sinnesenergien erkannt haben, die Dinge selbst gar nur als hypothetische Ursachen dieser Erscheinungen, dann flüchten wir zu dem endlosen Werden oder Geschehen, ob zweckmäßig oder nicht, als zu dem einzig Wirklichen. Ebenso: wenn uns sowohl die Dinge als auch ihre Veränderungen (weil doch nur die einen oder die anderen wirklich sein können) zu widerspruchsvollen Rätseln geworden sind, dann scheinen uns die Eigenschaften Dinge-an-sich und dabei bemerken wir kaum, daß wir damit auf den Kinderstandpunkt des naiven Realismus zurückgekehrt sind und daß wir, ahnungslos umhergejagt, dabei den Eigenschaften die substantivischen Namen von Kräften beigelegt haben. Wir wissen gar nicht, wie oft wir alltäglich die drei Standpunkte einer philosophischen Weltbetrachtung wechseln.

Ich habe bei dieser Untersuchung den Kant'schen Terminus „Ding-an-sich" nicht unbesehen übernommen; Kant hatte bei seinem „Ding-an-sich" den Begriff der Ursache so sehr mitverstanden, daß ihm — wie schon Aenesidemus-Schulze mit Recht getadelt hat — das Unheil widerfuhr, die Ursächlichkeit, die doch nur auf die menschliche Erscheinungswelt anwendbar sein sollte, unbewußt auf das Verhältnis zwischen Ding-an-sich und Erscheinung anzuwenden. Dem können wir nicht entgehen, mögen wir uns drehen und wenden wie wir wollen. Und mit einiger Heiterkeit über unseren eigenen Tiefsinn, der von der Oberfläche unserer Sprache nicht loskommt, achten wir jetzt auf die Wortschälle und bemerken, daß das mühsam gebildete Wort „Ding-an-sich" gar nichts anderes besagen kann und will als das viel ältere, darum vertrautere, aber ebenso nichtssagende Wort Ur-Sache.

Ich will es nun nach meiner Gewohnheit versuchen, die Allgemeinbegriffe dieser scheinbar verstiegenen Darlegung dadurch deutlicher mitzuteilen, daß ich die Vertauschung des Standpunktes in den dreierlei Weltbetrachtungen an einem recht einfachen Satze und seinen Worten aufzeige; und mit gründlicher Sprachkritik, hart und vorurteilslos, keines der drei Worte entlasse, bevor es sich nicht nach Herkunft und Aufenthaltsrecht gehörig ausgewiesen hat. Ich wähle absichtlich zum Beispiele einen Ruf, wie ihn etwa ein harmloser Kartenspieler am Wirtshaustische fast gedankenlos ausstoßen mag: „*Ich spiele Rot.*" Man wird mir zugestehen, nachher wenigstens, daß meine Folgerungen aus einem bedeutenderen oder am Ende philosophischen Satze sich leichter hätten ziehen lassen. Ich wollte es mir aber nicht leicht machen.

Ohne Wiederholungen wird es bei dieser Untersuchung nicht abgehen und auch nicht ohne Verstöße gegen den so beliebten systematischen Vortrag; ich muß aber auf jedes Scheinsystem verzichten, wenn ich einem Leser meine Überzeugung mitteilen will, daß ein einheitliches Bild der Welt in der Menschensprache gar nicht möglich ist, daß der gewissenhafte Betrachter sich seine Vorstellung von der Welt aus drei völlig unähnlichen Bildern zusammensuchen muß, die auf ganz verschiedenen Standpunkten gewonnen worden sind; daß endlich die drei Standpunkte sich nicht einmal regelmäßig etwa aufeinander beziehen lassen wie die drei Koordinaten eines und desselben Raumsystems. Vielleicht werde ich schließlich noch etwas darüber zu sagen haben, daß das räumliche und das raum-zeitliche Bild der Welt als ein mathematischer Versuch einer Beschreibung auf jedes von meinen drei Bildern der substantivischen, der verbalen und der adjektivischen Welt anwendbar und nützlich bleibt. So will ich mich jetzt, ohne vorgefaßte Meinung, von dem Satze des Kartenspielens belehren lassen. „Ich spiele Rot."

„Ich"

Die auf dem Seziertische liegende Satzleiche beginnt zufällig mit einem Wörtchen, das für den Schulgrammatiker einer ganz anderen Kategorie angehört, der der persönlichen Fürwörter; das aber für meinen Gedankengang ein ganz ausgezeichnetes Beispiel aus der substantivischen Welt ist. Daß die sogenannten Abstrakta nur Unwirklichkeiten ausdrücken, das wird mir ein gebildeter Zeitgenosse, weil er sich eben durch seine Bildung zum materialistischen Monismus verpflichtet glaubt, gern zugeben; ist mein Zeitgenosse überdies ernsthafter in die Schule der naturwissenschaftlichen Erkenntniskritik gegangen, so wird er die viel fremdartigere Vorstellung nicht ablehnen, auch die konkreten Substantive seien nur Zeichen, mythologische Zeichen, für die uns sonst völlig unbekannten Träger oder Ursachen oder Mittelpunkte der uns allein bekannten und durch die Sinne wahrnehmbaren Eigenschaften. Wer aber so vorbereitet ist, die ganze Stufenreihe der sogenannten Dingwörter als mythologische Vorstellungen anzuerkennen, der wird, gerade wenn er einige philosophische Schulung besitzt, geneigt sein, einen einzigen substantivischen Ausdruck, eben das Ich, von dieser scheinbaren Deklassierung auszunehmen; denn Descartes, Kant und Schopenhauer, die an dem Dasein aller übrigen Körper theoretisch zweifelten oder sie für bloße Erscheinungen erklärten, sich auf die Angaben der menschlichen Sinne über alle diese Körper nicht verlassen wollten — denn diese Philosophen zweifelten durchaus nicht an dem Dasein eines Ich, dessen sie durch die Überzeugungskraft des viel zuverlässigeren inneren Sinnes unmittelbar gewiß waren. Wenn also dieses Ich sich als eine Illusion herausstellt oder als eine Hypothese oder als ein mythologischer Begriff, dann wird es um so wahrscheinlicher sein, daß die ganze Stufenreihe der anderen konkreten und abstrakten Dingwörter der Mythologie angehören.

Nun ist aber der Gedanke an das Ich seit bald 200 Jahren Satz für Satz langsam abgetragen worden. Die entscheidende Tat hat bereits *Hume* geleistet, da er die Seele, und schon in seiner Treatise „a bundle of perceptions in a perpetual flux and movement" erklärte; neuerdings hat *Mach* die Entwicklung dieses Gedankenganges dadurch zu Ende geführt, daß er das Ich nur noch für eine denkökonomische Einheit von praktischer Bedeutung hielt und es einen Begriff nannte, der nicht mehr zu retten wäre. „Ding und Ich sind provisorische Fiktionen gleicher Art." Ich darf und muß in diesem Zusammenhange besonders auf meine eigenen Untersuchungen über das Ichgefühl und seine Täuschungen hinweisen. Das Ich ist nicht mehr und nicht weniger (nicht weniger, also doch nicht unrettbar) als die Kontinuität unseres Gedächtnisses, eine Illusion, doch nicht mehr und nicht weniger wirklich als andere psychische Illusionen. Ich habe das Ichgefühl oft eine Täuschung genannt, aber den Sinn dieser Täuschung immer wieder durch die Bildhaftigkeit der individuellen Einheit vorstellbar zu machen gesucht: durch die Einheit der Arbeit im Bienenstock, wo doch die Ähnlichkeit mit einem Organismus noch größer ist als die mit einem Staate; durch die Einheit — die da vielleicht kein bloßes Bild mehr ist — der Blutmasse eines Tieres, deren unzählige Blutkörperchen, von den Blutkörperchen eines gleichartigen oder gar eines fremdartigen Tieres nicht vertretbar, offenbar etwas wie eine gemeinsame Kontinuität des Gedächtnisses und ein gemeinsames Arbeitsziel besitzen.

Was man auch gegen diese Preisgabe des Ich einwenden möge, unwiderleglich scheint mir meine

Behauptung (Wörterbuch der Philosophie II. S. 518), daß auch das Ich nur eine Hypothese sei wie andere substantivische Begriffe, weil man zur Vorstellung des Ich nicht anders gelangt als zur Vorstellung anderer sogenannter Dinge. „Ich erwerbe einige Kenntnis meiner selbst, meines Ich, genau so, wie ich Kenntnisse des übrigen Weltgeschehens erwerbe: durch Wahrnehmung von Veränderungen. Wenn sich nichts veränderte, weder in mir noch um mich, so wäre mein Dasein schwerlich ein Leben zu nennen. Es ist wohl nicht zu viel gesagt: nicht einmal das dumpfe Gemeingefühl besäßen wir ohne die Veränderungen, die wir Stoffwechsel nennen." Wissen wir aber von unserem Ich nicht mehr als von den anderen sogenannten Dingen, so ist auch diese gewisseste Tatsache unseres inneren Sinnes nur ein Wort, nur ein Gott, d. h. sie gehört der substantivischen oder mythologischen Welt an, die damit aufgehört hat, für uns eine Wirklichkeit zu sein. Es wäre denn, daß wir diese substantivische Welt als die Welt der Mystik begriffen, in welcher das Ich sich mit allen anderen Bildern von der Welt vereinigt und wo dann in einem Gefühle, das sich über die Forderung der Wirklichkeit erhebt, auch der Begriff der Täuschung wesenlos geworden ist.

Der Kerl am Wirtshaustische, der Rot zu spielen entschlossen ist, glaubt an sein Ich, wie er an das harte Dasein des Tisches glaubt. Wir aber sind jetzt überzeugt, daß so ein Er (oder Du) nicht um ein Haar mehr Wirklichkeit haben kann als mein Ich, daß auch Er nicht mehr ist als die überflüssige Hypothese einer Einheit aller Eigenschaften oder Sinneseindrücke, die ich äußerlich an ihm wahrnehme, oder aller Veränderungen, die Er innerlich an seinem Ich wahrnimmt. Denn auch das darf nicht übersehen werden, daß ich die Kenntnis meines Ich außer meinem inneren Sinne auch noch den äußeren Sinnen verdanke, insofern es nämlich ein Organismus neben anderen Organismen ist, daß ich meine Körperteile und auch meine Sinnesorgane nicht anders wahrnehme als andere Körper; auf die Form und mikroskopische Struktur meines Gehirns und der übrigen Gewebe kann ich freilich nur einen Analogieschluß aus der Beobachtung fremder Gewebe machen, weil meine Sinnesorgane durch schwere Eingriffe am eigenen Leibe ausgeschaltet wären, aber sogar das ist anders geworden, seitdem der Kranke, dem das Schmerzgefühl durch Skopolamin genommen worden ist, zusehen kann, wie der Chirurg die Eingeweide herausnimmt und wie sie außerhalb der Bauchdecke ihre Tätigkeit fortsetzen.

Wie nun der Apfel nicht als ein besonderes Ding zum zweiten Male da ist neben den Eigenschaften der Form, der Farbe, der Schwere und Größe, des Geruches und des Geschmackes, die mich das gegenwärtige Vorhandensein des gleichen Apfels erkennen lassen, oder neben der Reihe von Veränderungen, die mir als Werden des gleichen Apfels aus dem Baume und aus der Blüte bekannt ist, so ist das Ich nicht ein zweitesmal da neben seinen räumlichen Teilen und neben seinem zeitlichen Wachstum. Das Ich wird mir zu einer Illusion, sobald ich als seine Wahrheit oder Wirklichkeit die individuellen Eigenschaften betrachte, die körperlichen und die seelischen, die es von jedem anderen Ich unterscheiden, oder wenn ich die Wandlungen des Ich von der Zeugung bis zum Tode ins Auge fasse und in dieser Zeitfolge kein Augenblick vor den anderen so ausgezeichnet ist, daß ich ein Recht hätte, den Zustand des Ich in diesem Augenblicke für das wahre Ich zu erklären; aber das Ich hört wieder auf, eine Illusion zu sein (wie der Apfel), sobald meine Aufmerksamkeit sich instinktmäßig, im Kampfe ums Dasein, dem Träger seiner Eigenschaften zuwendet, sobald ich als handelnder Mensch die anderen Menschen, die Tiere und Pflanzen und auch die toten Körper als Dinge in Rechnung ziehen muß, um mein eigenes Individuum gegen sie zu schützen oder durch sie wachsen zu lassen. Dann wird mein eigenes Individuum zu einem Ding, zu einem gleichberechtigten Teil der substantivischen Welt. Es ist ganz hübsch, daß unter der Herrschaft dieses Weltbildes, des allernatürlichsten, der Mensch nichts höheres kennt als suum esse conservare, also den Egoismus oder (es liegt ein Tadel darin) die Ichsucht. Und es ist vielleicht noch hübscher, daß da zuletzt der Egoismus mit dem Mystizismus zusammenfällt: der Egoismus wie der Mystizismus haben den Willen oder die Sehnsucht, ein Individuum oder ein Ich mit der Gesamtheit zu vereinigen, nur daß dem Egoismus sein kleines Ich, dem Mystizismus das Alleine die höchste Realität besitzt. Und so ist der Gegensatz der Stimmung doch unendlich viel stärker als irgend eine Ähnlichkeit.

Es ist nicht meine Schuld, wenn in diesen letzten Worten leise über die Mystik gespottet wird, die ich doch sonst sehr ernsthaft als das Geheimnis des substantivischen Weltbildes erkannt zu haben glaube. Der Spott der letzten Worte gilt den Wörtern, die für die Mitteilung auch solcher Gedanken unentbehrlich sind. Die Dingwörter unserer Sprachen sind unhaltbar geworden durch ihre Entwicklungsgeschichte, sind noch unrettbarer als das Ich. Die Beziehungen, die überall mit den Dingwörtern verknüpft werden, brauchen nicht immer so offensichtlich sinnlos zu sein wie das sogenannte Geschlecht, das als ein schädlicher Atavismus besonders im Deutschen stört und nur im Englischen fast beseitigt ist; auch die sogenannten Kasusverhältnisse und die Zahlverhältnisse haben einen guten

Sinn nur bei den Dingwörtern, die stoffliche Gegenstände im Raume bezeichnen und werden irreführend, wenn sie nach dem Sprachgesetze der Analogie auf abstrakte und abstraktere Substantive ausgedehnt werden. Wer philosophische Besinnung besitzt, wird immer nur zögernd Kasus und Zahlendungen auf dünnere Abstraktionen anwenden. Ich will nur leicht andeuten, daß die Kasusverhältnisse nur bildlich von Substantiven ausgesagt werden können, die keine Dinge im Raume bezeichnen, und daß die Mehrzahl — genau genommen — auch bei konkreten Gegenständen nicht eigentlich eine mehrfache Setzung der Einheit bedeuten kann. „Zehn Äpfel" ist nicht eine Mehrheit des einen individuellen Apfels, sondern schon die Mehrheit einer Abstraktion. Nur die sprachliche Analogie gestattet uns, von „Ich" eine Mehrzahl und Kasusformen zu bilden; wie von „Gott". Versenken wir uns mit voller Andacht oder Ergebenheit in das substantivische, in das mystische Weltbild, verzichten wir in dem geistigsten Egoismus, der auch eine Art Ekstase ist, auf alle Bilder der verbalen und der adjektivischen Welt, so müssen wir uns schließlich mit zwei sogenannten Dingwörtern begnügen, dem persönlichsten und dem allgemeinsten, und vielleicht reicht sogar das persönlichste aus. Wir kennen zuletzt nur das „Ich" und das „Sein". Das Ichgefühl entsteht in uns instinktiv dadurch, daß wir allen unseren Eigenheiten und Wallungen (dem adjektivischen und dem verbalen Weltbilde) eine Einheit unterlegen, ich sage nicht: unterschieben; dieses Ichgefühl unterlegen wir nun auch den übrigen Körpern, indem wir sie als einheitliche Gruppen von Eigenheiten und Wirkungen auffassen, und so entsteht für uns aus dem Ich die substantivische Welt. Der wir das allgemeinste substantivische Prädikat zuschreiben, das Sein. Auch wenn wir das mit dem verbalen Ausdruck tun: die Welt *ist*. Weil wir aber bestimmt nur von unserem eigenen Ich wissen oder uns vorstellen, daß es ist, eben durch die Kontinuation des Gedächtnisses, darum liegt auch dem allgemeinsten substantivischen Gebilde das persönlichste zu Grunde. Es war bei der kulturhistorischen Bedeutung des Gottesbegriffes keine geringe Befreiungstat, das Anthropomorphische in jeder Gottesvorstellung zu erkennen; eine Befreiungstat höherer Ordnung wird es sein oder ist es, das Anthropomorphische in jedem Dingworte zu durchschauen und die Menschen von der Wahrheit dieses Gedankens zu überzeugen.

Die lebendigen und die leblosen Körper außer den Menschen alle *sind* substantivisch nur für uns, nicht an sich; sie könnten nur insofern denken oder sagen, daß sie sind, als sie selbst etwas wie ein Ichgefühl hätten. Das Weltbild der Amöbe ist vielleicht ein „richtigeres" Weltbild als das des Menschen, aber es wird wohl nur ein verbales und adjektivisches Weltbild (nach unserer Sprache) sein können; der Mensch allein besitzt ein substantivisches Weltbild, in seiner Sprache, das schönste und das falscheste Weltbild, das dingliche Weltbild der Mystik.

Wir haben also in dem Begriffe „Ich", der für den Schulmeister als das persönliche Fürwort für meine persönliche Gesamterscheinung dasteht, der für den Erkenntniskritiker die Urhypothese für alle anderen dringlichen oder personifizierten Hypothesen ist, ein Beispiel dafür gewonnen, wie wir Menschen eine Vorstellung in die Wirklichkeitswelt hineindenken und aus der Wirklichkeitswelt wieder hinausdenken, je nachdem wir, durch unser Interesse bestimmt, unseren Standpunkt einnehmen. Ich will das jetzt besser zu ordnen suchen als vorhin. Wenn ich — wie ich das von dem Kerl am Wirtshaustische voraussetzen darf — völlig absehe von den sensualistischen oder materialistischen Kenntnissen, die mir die populäre und die wissenschaftliche Physiologie von meinem Organismus wie von allen anderen Organismen verschafft hat, wenn ich ferner absehe von allen Versuchen der Theologie und der Descendenzlehre, das Werden des menschlichen Organismus aus Zweckursachen zu erklären, wenn ich also von dem Verhältnisse meines Ich zu der adjektivischen und der verbalen Welt absehe, dann bleibt ein Ich-Ding übrig, das vortrefflich in die übrige Dingwelt hineinpaßt. In meiner substantivischen Beschränktheit merke ich dann gar nicht, daß ich mich der Mystik ergeben habe, daß ich in die Netze der ältesten Mythologie verstrickt bin. Dann ist mein Ich keine Illusion mehr, sondern ein gleichwertiger Bestandteil einer substantivischen Wirklichkeitswelt. Wenn ich aber wiederum, wie etwa einem gläubigen Arzte zuzutrauen ist, von dem personenhaften Mittelpunkte meines Ich absehe und dazu abermals von den geahnten, für den Wald- und Wiesenarzt unerheblichen Zusammenhängen der Entwicklung, von dem Werden des menschlichen Organismus also, dann umfängt mich die neue Beschränktheit des adjektivischen oder materialistischen Weltbildes, dann halte ich, mit der gesamten Naturwissenschaft, für erklärt, was ich adjektivisch beschrieben habe. Dann ist mein Ich, jetzt die Fülle seiner stofflichen Eigenschaften, keine Illusion mehr, dann ist die Wirklichkeitswelt materialistisch und mein mir nur äußerlich bekanntes Ich gehört eben auch zu ihr. Bin ich nun aber als ein stolzer Sohn der neuen Zeit über Mythologie und Materialismus, über das substantivische und das adjektivische Weltbild hinausgelangt, vermag ich abzusehen von der Illusion eines dinghaften und personenhaften Ichs, von welchem nur der mythologische Glaube etwas weiß, vermag ich ebenso abzusehen von den Erklärungen und Beschreibungen des Seziertisches, von denen nur der materialistische Aberglaube etwas weiß, dann durchschaue ich die Beschränktheit des substantivischen und die Beschränktheit des adjektivischen Weltbildes, dann bescheide ich mich damit (und ahne schwerlich, wie diese Bescheidung nur ein anderer Ausdruck für Beschränktheit ist), in meinem Ich etwas zu sehen, das weder als ein Ding noch als ein System von Eigenschaften verstanden werden kann, das in der Zeit entsteht und vergeht, wie eine Welle im Flusse, wie ein Nebel in der Luft, wie ein Blatt am Baume. Dann ist das substantivische wie das adjektivische Ich zu einer Illusion geworden, aber gerade die fließende Erscheinung, die den anderen Standpunkten erst recht eine Illusion ist, wird zu einem tätigen Gliede einer verbalen Wirklichkeitswelt. Ich weiß noch nicht viel damit anzufangen, aber ich bemerke doch gleich hier, daß das substantivische Ich mit dem Raume zu tun hat, der das Sensorium der Mystik ist, das verbale Ich mit der Zeit, daß jedoch das adjektivische oder materialistische Ich eigentlich raumlos und zeitlos ist, auf der Stecknadelspitze des Moments schwebt, wie denn auch die Leiche, der Gegenstand der adjektiven Forschung, mit der Zeit gar nichts mehr, mit dem Raume nur scheinbar zu schaffen hat.

Ich habe schon darauf hingewiesen, daß das Ich die Urhypothese der substantivischen Welt ist — dann wiederum, wie wir eben gesehen haben, der adjektivischen und verbalen Welt — und so das Modell wurde, nach dem wir den substantivischen Allgemeinbegriff des Seins gebildet haben. Aus diesem Allgemeinbegriff des Seins ist dann, ob wir ihn persönlich nehmen oder nicht, der Gottesbegriff geworden. Da ist es nun belehrend oder belustigend, wie der Gott je nach dem Standpunkte zu einer Illusion oder zu einer Wirklichkeit geworden ist. Der substantivischen oder mythologischen Weltanschauung ist der eigene Gott eine Wirklichkeit, die erste Ursache der Materialisten und der unbewußte Zweck der Entwicklungslehre eine Illusion. Der adjektivischen oder materialistischen Weltanschauung sind Stoff und Kraft wirkliche Götter, während sie in dem persönlichen Gotte der Mythologie und in der Zielstrebigkeit der Entwicklung nur Illusionen erblickt. Der verbalen Weltanschauung endlich wird die Zeit oder das Werden zu einer Wirksamkeit, Stoff, Kraft, und was die mythologische Welt als eine ebenso persönliche Ursache des Geschehens annimmt, gleichwertige Illusionen.

„*Ich spiele.*" Der Zufall hat es wieder so glücklich gefügt, daß das Verbum des Beispiels zu neuen Aufschlüssen anregt, wenn es auch nicht, wie das substantivische Wörtchen „Ich" einen Grenzfall darstellt. „Spielen" wird als eine menschliche Handlung nicht so deutlich durch den Zweck im Verbum zusammengehalten wie etwa „graben" oder „stricken", wird nicht einmal auf den Oberbegriff des Zweckes bezogen wie etwa „gehen"; es scheint sogar meiner Behauptung, daß im Verbum immer ein Zweck verborgen sei, dadurch zu widersprechen, daß es in seiner häufigsten und ursprünglichsten Anwendung eine zwecklose Handlung zu bezeichnen scheint. Das ist aber ein Irrtum der Sprechenden, der nüchternen Nützlichkeitsmenschen, die das Spiel der Kinder für zwecklos halten, weil es ihnen nur Vergnügen macht und nichts Neues erzeugt. Beim objektiven Gebrauche des Wortes „Geige spielen" ist der Zweck schon da, sogar der Nutzen für den Spieler, und niemand wird leugnen wollen, daß auch bei diesem Spielen eine unendliche Menge mikroskopischer Bewegungen in den Nerven und Muskeln erst durch den eingeübten Zweck der Tonerzeugung zu dem Verbum zusammengefaßt wird. In der intransitiven Anwendung (Karten, Haschenspielen, mit einem nach falscher Analogie hinzugefügten Akkusativ, früher sagte man „Versteckens spielen") ist die Aufmerksamkeit nicht auf die Teilhandlungen gerichtet, weil der ganze Vorgang nicht als Handlung empfunden wird; es bedarf aber nur eines Hinweises, daß jedesmal eine Unsumme von Bewegungen, leichter oder anstrengender Bewegungen, einem Zwecke oder einer Richtung dienen muß, wenn Schach, wenn Haschen gespielt wird. Vollends der Mann am Wirtshaustisch gebraucht das Wort wie ein richtiges Verbum des Zweckes; „spielen" hat auf dem Wege seines Bedeutungswandels den Sinn von „ausspielen, hinwerfen" angenommen, drückt eine gewollte Bewegung aus und führt uns so in die verbale Welt ein, wenn auch nur in einen verachteten Winkel der verbalen Welt.

Das Wesentliche dieses Weltbildes besteht nun darin, im Gegensatze zu dem substantivischen Weltbilde, daß die Worte sich nicht auf den Raum beziehen, sondern auf die Zeit, nicht auf das Sein, sondern auf das Werden. Die biblische Legende von einer Weltschöpfung aus dem Nichts verlegt die verbale Welt in die Handlung Gottes und findet sich nachher ab mit der robusten substantivischen Welt, die ein- für allemal geschaffen worden ist. Eine solche Zusammenhanglosigkeit zwischen Gott und Welt quälte religiöse Gemüter, denen die Ahnung aufgegangen war, das Sein wäre nur Schein; sie gaben den Gott nach der Schöpfungstat nicht frei, ließen ihn ewig weiterschaffen, ließen die Welt ewig werden. In seinen schönen Versen hat Goethe diese pantheistische Andacht zu der Welt des Werdens, zu dem verbalen Weltbilde, ausgesprochen, wie nur Goethe es konnte.

„Was wär' ein Gott, der nur von außen stieße,
Im Kreis das All am Finger laufen ließe!
Ihm ziemt's, die Welt im Innern zu bewegen,
Natur in Sich, Sich in Natur zu hegen,
So daß, was in Ihm lebt und webt und ist,
Nie Seine Kraft, nie Seinen Geist vermißt."
Dieser spinozistische Gott ist natürlich durch ein substantivisches Wort ausgedrückt; er unterscheidet sich aber von dem plastischen Gott des Theismus dadurch, daß er die Welt zu bewegen nicht aufhören kann, daß er also der verbalen Welt angehört, die kein Sein kennt, sondern nur Bewegung, Wirkung, Tätigkeit. Der Gott wird zu den Dingen, insofern sie nicht sind, sondern ewig werden. Man sieht, daß ich mich bei der Einteilung der drei Weltbilder nicht eben streng an die Schulgrammatik halte; das Zufallswort meines Beispiels kann auch als Substantiv der verbalen Welt angehören.

Der substantivischen oder mythologischen Welt gehört „Spiel" nur an, wenn ich damit ein Ding im Raume bezeichnen will: ein Spiel Karten, wo dann freilich die Sprache sehr keck geworden ist und unter „Spiel" eine bestimmte Anzahl bestimmter Karten meint, die sich zur Veranstaltung eines bestimmten „Spiels" eignen; dieses letzte „Spiel" gibt aber schon eine Vorstellung aus der verbalen Welt: es gehören dazu außer den Karten und den mitspielenden Personen noch die Unzahl unnützer aber zweckmäßiger Bewegungen. Das echte Substantiv „Spiel" ist ein abgekürzter Ausdruck für die Zahl der Kartenblätter, die von den Spielregeln verlangt werden; der verbale Ausdruck „Spiel" ist die Integrale aller feinsten Bewegungen, die zum Zwecke der Unterhaltung verbunden gedacht werden, erst durch den Zweck zu einer Einheit verbunden worden sind.

Ein anderes Wort mag uns darüber belehren, wie weit wir uns in unserem Gedankengange von der Schulgrammatik entfernen dürfen, wenn wir die Terminologie von den drei Weltbildern ohne Schaden weiterführen wollen. Da haben wir das Wort oder den Begriff „Kreis", der doch ganz gewiß der mythologischen, der substantivischen Welt zugehört. Der Scheinwelt, wofür er sogar ein Musterbeispiel ist, weil es in der weiten Welt der Wirklichkeiten ganz gewiß kein Ding gibt, das den strengen geometrischen Forderungen der Kreisdefinition entspräche; der Kreis ist so recht ein Idealbegriff; wir begnügen uns mit Annäherungen, unter denen der Querschnitt durch einen Baumstamm dem Ideal nur von ferne ähnlich sieht, der Zirkelkreis auf dem Papier dem Ideal sehr nahe kommt.

Bevor ich, wie bei dem Wörtchen „Ich", auch bei dem Worte „spielen" die Beschränktheit der einzelnen und getrennten Weltbilder aufzeige, möchte ich, um das Verständnis zu erleichtern, die

Mangelhaftigkeit einer bloß grammatischen Behandlung an dem eben herangezogenen Begriffe „Kreis" klar machen. „Kreis" scheint auf den ersten Blick ein ganz richtiges Dingwort zu sein; man hat denn auch nicht unterlassen, den Kreis wieder einmal zu einem Symbol des obersten Sein zu machen, sogar zu einer zauberkräftigen Gottheit. Schon den alten Mathematikern vor Descartes war es aber wohlbekannt, daß es einen Kreis, der seiner Definition genau entspricht, in der wirklichen Welt gar nicht gibt, daß wir uns damit begnügen müssen, die Eigenschaften des Kreises, noch dazu nur ungefähr, in den Eigenschaften der realen Dinge aufzusuchen und so in der Beschreibung der adjektivischen Welt immer genauer zu werden; dem alten Mathematiker, der ja häufig zum Materialismus neigte, war also der Kreis nicht ein Ding, sondern nur ein Sammelwort für Eigenschaften. Seitdem endlich Descartes das Werden des Kreises kennen gelehrt hat, sind auch die Eigenschaften wie das Ding des Kreises zu bloßen Erscheinungen geworden, die demjenigen nichts Neues mehr sagen, der das Entstehen des Kreises als seine einzige Wirklichkeit begriffen hat; der Kreis gehört seitdem der verbalen Welt an.

Diese Betrachtung mag uns lehren, es mit der Grammatik nicht allzu streng zu nehmen, solange wir nicht, was ich noch in halbem Ernste vorschlagen will, für die drei Weltbilder oder Hypothesen oder Kategorien drei getrennte Sprachen mit drei getrennten Grammatiken besitzen. Es kommt also nicht darauf an, ob wir bei unserer Untersuchung die Wörter „Spiel" oder „spielen" oder „spielend" gebrauchen; gar sehr kommt es aber darauf an, daß wir uns von dem Bedeutungswandel nicht täuschen lassen, daß wir nicht bei „Spiel" das eine Mal an den körperlichen Haufen von Spielkarten, das andere Mal an die Eigenschaft der Verspieltheit, das dritte Mal erst an die Hauptsache denken, an die Tätigkeit des Spielens. Halten wir also zunächst fest, daß das Verbum in unserem Beispiele eindeutig die einmalige Handlung des Kartenausspielens bezeichnet, aber nur als eine zweckdienliche Teilhandlung im Verlaufe der Gesamttätigkeit des Spielens, die nur etwa dem erwerbsüchtigen Großbauer, dem politisierenden Pfarrer und dem geizigen Apotheker am Nachbartische, moralisch beurteilt, als eine zwecklose Tätigkeit erscheint.

Kümmert sich also der spielende Mann gar nicht um die substantivische Welt, die ihn sonst wohl umgibt, nicht um die anderweitig realen Dinge seines Hofes und seines Hauses, nicht um bildliche Dinge wie Eigentum, Ehre und Zukunft, kümmert er sich ebenso wenig um die adjektivische, sinnliche Welt des Wirtszimmers mit all seinen Farben, Geräuschen und Gerüchen, so erscheint ihm sein Spiel oder sein Ausspielen als die einzige Wirklichkeit, als die notwendige Teilhandlung in der zweckmäßigen verbalen Welt. Es kann auch so weit kommen, daß der Spieler zwar immer noch von Haus und Hof und Ehre und Zukunft absieht, von der ganzen substantivischen Welt also, zugleich aber auch absieht von der Nützlichkeit seines Tuns, von dem zweckmäßigen Zusammenhange seines Tuns — wie in einem plötzlichen Erwachen aus seinem Rausche —, dann wird ihm auf einmal die adjektivische Welt wieder zu einer Wirklichkeit, dann kommen ihm etwa die Farben und Zeichen auf seinen schmutzigen Spielkarten zum Bewußtsein. Und hat der Spieler endlich Haus und Hof verloren, dann hat das Spiel auch sicherlich seinen Reiz eingebüßt, die verbale Welt verschwindet, weil sie keinen Zweck mehr hat, aber auch die adjektivische Welt, das gesamte Wirtszimmer mitsamt dem Geschmacke des Bieres und den Zeichen der Spielkarten geht ihn nichts mehr an; was als Wirklichkeit noch übrig bleibt, das ist jetzt eine substantivische Welt, aber diese nur noch als Scheinwelt: der verlorene Hof, das verlorene Haus, die Schande, das Urteil der Nachbarn.

„Rot"

Wieder müssen wir über die niedrigen grammatischen Kategorien hinausblicken, wenn wir den ganzen Umfang des Begriffs übersehen wollen. Daß „rot" der substantivischen Welt angehöre, im grammatischen wie im sprachkritischen Sinne, das ist freilich zunächst und sofort klar. Ob der Spieler — wie bei manchen Glücksspielen — nur die rote Farbe überhaupt in seiner Vorstellung hat, unbekümmert um den Unterschied von Carreau und Coeur, ob er besonders an Coeur denkt und es ihm dabei einerlei ist, wie er die Farbe bezeichnet — Rot, Coeur oder Herz —, immer gewinnt er den Eindruck durch seinen Gesichtssinn. Die kleine, ungefähr rötliche Wahrnehmung oder Erinnerung ist ihm ein winziger Teil der ungeheuern materiellen Welt, die dem naiven Realismus die einzige wirkliche Welt ist. Aber unwillkürlich sieht er das farbige Bildchen, das doch nur ein Sinneseindruck ist, nach alter Gewohnheit auch als eine Farbe und weiß gar nicht, daß er sich mit diesem Worte oder mit diesem Begriffe schon in ein anderes Land begeben hat, in welchem die ihm allein verständliche adjektivische Sprache nicht mehr gesprochen wird. Was ist das: Farbe? Ein Substantiv, ein mystisches Zeichen, wirklich schon etwas wie eine Gottheit. Die Farben, die er als Maler oder Anstreicher beim Händler kaufen kann, scheinen ihm allerdings in seinem anderen naiven Realismus ganz wirkliche Gegenstände zu sein; sie werden abgewogen und sogar nach ihrem Gewichte bezahlt; aber die flüchtigste Überlegung hätte ihn darüber belehren können, daß er sich habe täuschen lassen von dem Truge der Gemeinsprache, daß „Farbe" in diesem Zusammenhange des menschlichen Verkehrs nur ein Mittel zur Farbenerzeugung bedeutet, nur ein abgekürzter Ausdruck für eine Kraft ist, die nach festen Naturgesetzen den Sinneseindruck einer Farbe hervorruft, wie die käufliche und meßbare Elektrizität eine substantivische, mystische Kraft ist, die etwa Licht erzeugen kann. Auch die beim Drogisten käufliche „Farbe" hat ja nicht immer die Farbe, die sie nachher auf der Leinwand oder auf dem Mauerkalk zur Erscheinung bringt. „Rot" als Sinneseindruck und „Rot" als Farbe gehören also zwei ganz verschiedenen Welten an; daß wir zufällig „Rot" oder Röte mit einem großen Anfangsbuchstaben schreiben, ist unerheblich, auch wenn wir uns dabei erinnern, daß die Schreibgewohnheiten anderer Sprachen die großen Anfangsbuchstaben nur für Götter, Eigennamen und das heilige Ich anwenden. Von Wichtigkeit ist es jedoch, daß ein eindeutiger Ton der roten Farbe nur mit dem bestimmten und unmittelbaren Sinneseindrucke verknüpft ist, daß kein Maler, kein Anstreicher, kein Physiker sagen könnte, welcher Farbenton unter den unzähligen mit der Bezeichnung „rot" gemeint sei. In unserer Sprache allein hat man z. B. das Feuer, das Gold, das Kupfer und eine gewisse Haarfarbe rot genannt; und doch wieder auch das blonde Haar Goldhaar. Wollte der Physiker eine Definition aufstellen, durch welche ein Farbenton mit mathematischer Genauigkeit als rot zu bestimmen wäre, so müßte er — mit einer gewissen Willkür — die unvorstellbar große Schwingungszahl angeben; wie denn — mit der gleichen Willkür — in der Musik das richtige a durch seine Schwingungszahl bestimmt wird. Für diesen modernen Physiker verschwindet aber nicht nur das mystische Substantivum Rot aus der Wirklichkeitswelt, sondern auch der adjektivische Eindruck verschwindet aus der gegenständlichen Welt; übrig bleibt nur die Schwingung, die sogenannte Ätherbewegung und ihre Wirkung auf das Nervensystem. Für eine geschichtliche Betrachtung liegt die Sache übrigens so, daß der Physiker, d. h. der Naturbeobachter, zuerst auf die substantivische Welt beschränkt war und nur rote, grüne usw. Körper sah; daß er dann einen ungeheuren Fortschritt machte, als er sich auf die adjektivische Welt beschränkte, nur noch die Empfindungen rot, grün usw. nannte, nicht aber die Körper; daß er endlich jetzt in neuer Beschränktheit eine verbale Welt allein anerkennt, die die roten, grünen usw. Empfindungen irgendwo zwischen Auge und Gehirn erzeugt, als eine adjektivische Scheinwelt an der Scheinwelt der Körper.

Und wieder können wir, nur noch viel faßlicher als beim „Ich" und beim „Spiel", erkennen, daß dasjenige Weltbild von den drei möglichen uns als das wirkliche oder wahre erscheint, daß just mit Ausschluß der übrigen unsere Aufmerksamkeit oder unser Interesse in Anspruch nimmt. Wer so unweise oder so weise ist, an die allein tätigen Ätherschwingungen nicht zu glauben, wer zugleich so rückständig ist, in den farbigen Erscheinungen nicht die unmittelbaren Tatsachen unseres Sinneslebens zu erblicken, der wird heute wie vor Jahrtausenden substantivische Farben wahrnehmen und an den Blumen bewundern als einen Teil des substantivischen Weltbildes, wie das Kind, wie der Wilde, wie der Künstler. Wer sich befreit hat von den Abstraktionen des substantivischen Weltbildes, von dessen -heiten, -keiten, Farben, Göttern und Kräften, wer zu gleicher Zeit nichts anzufangen weiß mit der Ableitung der Empfindungen aus (heimlich) zweckmäßigen Ätherbewegungen, der wird sich mit dem adjektivischen Weltbilde des Sensualismus begnügen und in den Sinneseindrücken die einzige Wirklichkeit oder Wahrheit sehen. Wer es endlich so herrlich weit gebracht hat, den Schein zu durchschauen sowohl in den Dingen als in ihren Eigenschaften, in den körperlichen wie in den sinnlichen Illusionen, wer ein Vergnügen oder Genügen findet an der verbalen Vorstellung von irgend welchen unvorstellbaren Bewegungen, dem wird diese verbale Welt zur einzig wahren Wirklichkeit.

Ich möchte an diese Analyse eines zufälligen Satzes aus der Gemeinsprache und an diese vorurteilslose Scheidung der drei Weltbilder die etwas weiterreichende Bemerkung knüpfen, daß — wenn mein Gedankengang irgend einen Wert besitzt — alle bisherigen Versuche naturgemäß mißglücken mußten, die Masse des menschlichen Wissens zu ordnen, die Wissenschaften zu klassifizieren. Die Klassifikatoren der Wissenschaften hatten ja keine Ahnung davon, daß sie ihren Standpunkt innerhalb der drei möglichen Weltbilder jedesmal wechselten, wenn sie ordnungsliebend von der einen Disziplin zur anderen übergingen, hatten keine Ahnung davon, daß z. B. die Jurisprudenz (nebst Moral, Theologie und Staatslehre) der substantivischen Welt angehört, die Naturwissenschaft immer auf dem Punkte steht, von der adjektivischen Welt in die verbale Welt überzuspringen oder aus der verbalen Welt in die adjektivische zurückzuflüchten, daß die sogenannte Geschichtswissenschaft gläubig in der substantivischen Welt steht, einerlei ob sie Helden oder Ideen oder wirtschaftliche Dinge als die bewegenden Kräfte auffaßt, daß die sogenannte Medizin mit den Naturwissenschaften das Schwanken zwischen der adjektivischen und der verbalen

Welt teilt, mit der Theologie Krankheiten und Heilmittel in die substantivische Welt versetzt. Ja sogar die oberste Einteilung alles Wißbaren in die Natur- und die Geisteswissenschaften, d. h. in das Wissen des Menschen vom Unmenschlichen und an das Wissen des Menschen vom Menschen, leidet an dem Grundfehler, daß die Begriffe Natur und Geist beide der substantivischen Welt angehören, der Welt, von der wir nichts wissen können, und daß nicht einmal die Beziehung, in welcher die beiden Begriffe zueinander stehen, vorher klar geworden ist: der menschliche Geist, und wir kennen keinen anderen, wird in einen Gegensatz zur Natur gebracht, während doch der Mensch mitsamt seinem Geiste wiederum zur Natur gehört.

Ich wage den Versuch, unsere Vorstellungen von der Welt nach den drei Kategorien neu zu ordnen, in dem Bewußtsein, daß der Versuch an dem Widerspruche der Sprache scheitern muß. Wie in der sogenannten natürlichen Farbenphotographie ein völlig ähnliches Bild des Gegenstandes erst zustande käme, wenn es vorher gelungen wäre, für jede der drei Grundfarben ein natürlich malendes Farbenfilter zu erfinden, ohne einen von Menschenwahl bestimmten Farbstoff, so könnte ein sprachliches Bild der Welt, die Wissenschaft also, erst zustande kommen, nachdem wir für jedes der drei Grundbilder eine besondere Sprache erfunden hätten; ich werde auf diese Forderung noch ausführlich zurückkommen müssen. So viel kann aber schon hier für ausgemacht gelten, daß die vorhandene Menschensprache bestenfalls nur für eine Darstellung der einen Kategorie geeignet ist, der der adjektivischen Welt.

Unsere Sprache ist von Hause aus immer sensualistisch oder materialistisch, was vortrefflich dazu stimmt, daß unsere Wissenschaften sich mehr und mehr bestreben, Erfahrungswissenschaften zu werden. Auch die Geisteswissenschaften folgen diesem Zuge und die Psychologie selbst will materialistisch werden. Bekanntlich weist schon die Etymologie von „Wissen" darauf hin: man weiß, was man gesehen hat; man muß nur das Gesehenhaben metaphorisch auf die Erfahrungen der übrigen Sinne ausdehnen. Wenn nun auch in dem wissenschaftlichen Verstande nichts ist, was nicht vorher in den Sinnen war, so kann keine Wissenschaft ein anderes Bild bieten als das der adjektivischen Welt. Womit sich denn der Materialismus, der heute Monismus heißt, leicht zufrieden gibt. Da erschreckt uns aber sofort die Einsicht in das Wesen der menschlichen Sinne. Die menschlichen Sinne sind ja Zufallssinne, zufällig — was wir so zufällig nennen — entstanden und so durch ihr Entstehen selbst der verbalen Welt zugehörig. Das allein der Sprache zugängliche adjektivische Weltbild besitzt also zwei arge Fehler: es zeigt uns die Welt nur mit Hilfe der fünf oder sechs Zufallsbreschen, die unsere Sinne geöffnet haben und es verweigert uns jede Aufklärung darüber, warum uns unbekannt bleibt, was durch diese Breschen nicht zu erblicken ist. Dazu kommt für den aufmerksamen Beobachter noch ein verhängnisvoller Umstand: wir vermögen die Welt, in welcher wir leben, nur nach Raum und Zeit zu begreifen und unsere Erfahrungen, die sich zu dem adjektivischen Weltbilde zusammensetzen, sind eigentlich raumlos und zeitlos; sie sind, um bei dem Bilde von der Malerei zu bleiben, impressionistisch. Jeder Sinneseindruck wird einzig und allein durch unsere Gehirntätigkeit wahrgenommen und diese ist an sich raumlos und zeitlos; wir dürfen uns dadurch nicht täuschen lassen, daß die sogenannte Seele die Eindrücke zu räumlichen Gebilden ordnet und in einer zeitlichen Folge erinnert. Was wir an räumlichen und zeitlichen Momenten hinzufügen müssen, um die Sinneserfahrungen zu einem materialistischen Weltbilde zu ordnen, das haben wir bereits aus den beiden anderen Weltbildern geholt.

Beim Raume ist das ganz offensichtlich. Der Raum ist aus der substantivischen Welt hergenommen, die zugleich das Reich der Körper und das Reich der Mystik ist. Das Ich, der Ausgangspunkt und das Maß der substantivischen Welt, hat den Raum an sich selbst entdeckt und mit seinem Fuße und mit seinem Ellenbogen messen gelernt; jedes Kind im Steckkissen muß den Raum mit seinen Gliedmaßen neu entdecken. Freilich scheint die Anschauungsform des Raumes nur für den harten und robusten Teil der substantivischen Welt nötig zu sein, für die Körper, deren Raumhunger sich in ihrer sogenannten Undurchdringlichkeit ausdrückt. Die mystischen oder abstrakten Substantive nehmen keinen Raum in Anspruch, wenigstens nicht einen so breiten Raum wie die Körper. Doch schon die vielen Kräfte, die als Ur-Sachen der Sinneseindrücke gedacht oder vorgestellt werden, können ohne Raum höchstens gedacht, nicht vorgestellt werden. Das Licht und die Elektrizität und die Gravitation können nicht anders als im Raume wirken. Je weniger man von diesen Kräften weiß, desto besser vergleicht man ihre Arbeit mit dem Wasserfall, der von einer höheren Lage in eine tiefere hinabstürzt, desto lieber redet man von räumlichen Kraftfeldern. Aber auch diejenigen substantivischen Gottheiten, die keine Beziehung zur Naturwissenschaft haben, die sittlichen und ästhetischen Gottheiten (Güte, Sünde, Schönheit usw.) haften an raumhungrigen Menschen, wahrlich nicht anders als Farben an den Körpern. Ja selbst die Götter der alten Zeit und die verschiedenen Geistererscheinungen der neuen Zeit werden nicht ohne

Raum vorgestellt; die christlichen Theologen freilich, denen die Sprache niemals ein Hindernis ist, wissen von einem Geiste ohne Raum zu erzählen; der Volksglaube ist ehrlicher, der Volksglaube weiß ganz genau, daß so ein Geist oder so ein Gott irgendwie einen Raum einnimmt, wenn auch nicht bloß für sich, wie so ein Gott oder so ein Geist ja auch aus einem Stoffe besteht, der nur weniger stofflich ist als der der Körper; man legt sich das ungefähr so zurecht: der Gott oder der Geist oder die Seele füllen zwar einen bestimmten Raum aus, aber er wird dadurch nicht undurchdringlich, er kann zugleich auch andere Bewohner haben, eben weil der Gott oder der Geist oder die Seele aus einem so dünnen Stoffe besteht.

Auch das Zeitmoment wird den Vorstellungen der adjektivischen oder materialistischen Welt aus der verbalen Welt der sogenannten Seele hinzugefügt. Wir können das am besten dann begreifen, wenn wir erwägen, daß die Zeitfolge, in welcher die Augenblicksbilder der Sinneseindrücke sich erst zu der uns scheinbar so wohlbekannten Wirklichkeit ordnen, eine Reihe von Veränderungen darstellen. In der Erinnerung. Denn die Weltlage des einen Augenblicks entspricht mikroskopisch genau niemals der Weltlage des nächsten Augenblickes. „Man kann nicht zweimal in denselben Fluß steigen"; es wäre auch nicht mehr derselbe Mensch, der zum zweiten Male hineinstiege. Ich habe einmal (Wörterbuch der Philosophie II. S. 512ff.) auf die abgründigen Schwierigkeiten des schlichten Begriffes Veränderung hingewiesen. Ohne Veränderungen gebe es keine Wahrnehmung, ohne Wahrnehmung von Veränderungen keine Empfindung des Lebens. Wenn wir aber so obenhin sagen, eine Veränderung entstehe an einer Substanz, an etwas Bleibendem, so vergessen wir, daß im ewigen Wechsel ein Bleibendes nicht übrig ist, daß Sein und Veränderung Korrelatbegriffe sind, keiner der beiden Begriffe für sich allein verständlich. Wenn nun unser Gedächtnis, die potentielle Zeitenergie, die Sinneseindrücke dadurch erst zu einer Wirklichkeitswelt umschafft, daß es sie in eine Zeitfolge von Veränderungen ordnet, wenn ein zeitlicher Umstand wiederum nur den substantivischen, bleibenden, seienden Trägern der Ursachen unserer Sinnesempfindungen beigelegt werden kann, so scheint mir die Notwendigkeit offenbar zu werden, die Dreiheit der Welten durch besondere Sprachen auszudrücken; sonst können wir mit dem Nachdenken über die Einheit der drei Welten gar nicht anfangen. Herbart mag das geahnt haben, da er die Summe aller Veränderungen eine Übersetzung des Was der Wesen in eine andere und fremde Sprache nannte. Erst in der substantivischen Sprache gelangen wir zu einem dinglichen Raumbilde der Welt, erst in der verbalen Sprache zu einem wirkenden Zeitbilde; das Weltbild der adjektivischen Welt ist ohne diese beiden Hilfen raum- und zeitlos. Es ist also nicht ganz unbegründet, wenn die Hüter der Sittlichkeit der materialistischen oder adjektivischen Weltanschauung vorwerfen, sie hafte ohne Ideale an der Gegenwart; das Lustige an dem Vorwurfe ist nur, daß man da von der adjektivischen Welt fordert, sie solle über die substantivische Welt hinaus noch ein jenseitiges Substantivum anerkennen, den Gott, über die verbale Welt hinaus noch eine jenseitige Zeit, die Unsterblichkeit.

Noch einmal: was sich uns aus der Wirklichkeit allein mitteilt, was wir darum allein in unseren Wissenschaften ordnend festzuhalten vermögen, das ist, zunächst ohne Beziehung zu Raum und Zeit, die adjektivische oder materialistische Welt, die stumm ist und uns blind und taub sein läßt, mit allen unseren Sinnen. Wir aber wollen sehen, hören und reden. So haben wir uns ahnungsvoll, über das Wissen hinaus, aus Menschenkraft eine substantivische Welt dazu geschaffen durch die künstlerische Hypothese von seienden Dingen, von Göttern und anderen Personifikationen und können unseren Frieden in dieser Vorstellung finden, in diesem Glauben, sobald wir unser personifiziertes Ich von der übrigen personifizierten Natur nicht mehr trennen, sobald wir von dem Gefühle der Einheit —

dem Integral alles Substantivischen — ganz durchdrungen sind. Es ist das ein Friede des Gemüts, der eine verstandesmäßige Untersuchung seines Glaubens nicht verträgt. Weil wir aber nicht nur sehen, hören und reden, sondern auch mit dem Verstande begreifen wollen, haben wir, wieder über das Wissen hinaus, noch einen anderen Weg einschlagen müssen, den in die verbale Welt; hier gibt es keine Einheit des Seins, aber ihr Korrelat, den Zusammenhang des Werdens oder Geschehens. Dort sind alle Tatsachen der Sinneseindrücke zu Dingen geworden, die unsere substantivische Sprache nach dem Bilde des Ichgefühls hervorgebracht hat; hier werden die gleichen Tatsachen der Sinneseindrücke zu Kräften oder Energien, wiederum nach dem Bilde des Ichgefühls, gewissermaßen nach seinem inneren Bilde, und wir guten Menschen meinen dabei nicht nur zu dem Glaubensfrieden der Mystiker zu kommen, sondern zu dem höheren Gedankenfrieden der Philosophen, wenn wir erst alle die in der Zeit verbal wirkenden Kräfte auf eine alleroberste Kraft zurückgeführt haben, eben *die* Energie, die doch wieder ein Begriff aus der mystischen Welt ist. Und die adjektivische Sprache, die Sprache unserer Sinne, versteht alle diese Begriffe nicht, versteht weder den Glaubensfrieden noch den Gedankenfrieden, ja — und das ist das Seltsamste — diese eigentlich wissenschaftliche Sprache, als die Herrin und zugleich Sklavin der adjektivischen Welt, hat weder ein Verständnis für den Frieden noch eine Sehnsucht nach dem Frieden und hockt zufrieden wie eine Amöbe auf der Stecknadelspitze des Moments, raumlos, zeitlos und schmerzlos. Erst die beiden anderen Sprachen haben die Menschen den Schmerz und die Sehnsucht gelehrt.

* * *

Drei künstliche Sprachen

Meine Absicht, die drei möglichen Bilder oder — weil „Bild" schon sprachlich auf die substantivische, sachlich auf die adjektivische Welt hinweist, also irre führt — Kategorien der einen Welt voneinander zu trennen, würde sich deutlicher machen lassen, wenn es gelänge, für jede dieser Kategorien eine eigene, besondere, unübersetzbare Sprache zu erfinden. Eine adjektivische, eine verbale, eine substantivische Sprache. Die Menschen dieser verschiedenen Sprachen würden einander noch weniger verstehen können als jetzt die Menschen der gleichen Volkssprache; denn die Gebraucher jeder dieser Weltbildsprachen hätten, um so neu sprechen zu können, anders sehen lernen müssen als die Gruppen aller anderen Sprachen. Ich werde hoffentlich nicht so mißverstanden werden, als wollte ich der Menschheit die Last gleich dreier neuer Volapüks auflegen, als wollte ich auch nur eine dieser drei Sprachen (als die je einer philosophischen Überzeugung) den Genossen einer bestimmten Schule als Mitteilungswerkzeug oder auch nur als Geheimsprache einreden. Mit einer solchen

Absicht wäre ja gerade der Zweck der ganzen Phantasie verfehlt. Ich will nur zeigen, daß in der Vorstellung der einen Welt durch die Metaphern der Gemeinsprache sich die drei möglichen Weltbilder verwirrend mischen, daß die Mischung den Orientierungsbedürfnissen der Menschen gut entspricht, daß aber je eine konsequente Durchführung für gesonderte Sprachen der drei Welterfassungsversuche als unausführbares Ideal nicht undenkbar wäre.

Nicht undenkbar, aber darum noch lange nicht nützlich für den Dienst, den eine Gemeinsprache zu versehen hat. Nicht einmal so nützlich wie etwa gegenüber dem heute üblichen Dezimalsystem die Aufstellung eines neuen Zahlensystems wäre, des Achter- oder des Zwölfersystems. Die Gewohnheit würde sich entgegenstemmen und würde z. B. nicht gleich begreifen, daß die Ziffer 1000 im Achtersystem die Zahl 512, im Zwölfersystem die Zahl 1728 ebenso einfach und bequem ausdrückt, wie im Dezimalsystem die Zahl 1000. Eines der beiden neuen Systeme böte sogar der Rechnung manchen Vorteil. Wir wollen aus der Vergleichung nur lernen, daß auch die Sprachen der drei verschiedenen Weltbilder eher noch für das Auge als für das Ohr zu erfinden wären; ich halte es sogar für möglich — ohne an die Durchführung eine undankbare Mühe wenden zu wollen —, durch sinnige Auswahl der Zeichen eine Schriftsprache herzustellen, die zugleich den Bedingungen von jedem der drei Weltbilder und den Bedingungen der Einheit entspricht. Eine konsequente Sprache für die adjektivische oder sensualistische Welt; auch die Sprache für diese Welt müßte rein adjektivisch sein. Man könnte sie zunächst mit dem Formenschatze der impressionistischen Malerei der Pointilleurs vergleichen: Punkte, nichts als Punkte, Punkte in allen Farben, aber auch Punkte als Zeichen für Augenblickseindrücke der anderen Sinne; doch bliebe der Gesichtssinn auch für die Sprache der wichtigste und ihre Ausdrucksmöglichkeit der der Malerei verwandt. Nur daß auch noch der Pointilleur im Gehirn des Beschauers über seine Punkte hinaus die Wirkung einer substantivischen Welt (Bildnis) oder gar einer verbalen Welt (Stimmung) erzeugen will, während die konsequent adjektivische Sprache sich bei den Augenblickspunkten oder Sinnesmitteilungen zu beruhigen hätte.

* *
*

Nur eine kleine Probe von der maßlosen und — wie ich jetzt weiß — unfruchtbaren Arbeit, die zu leisten gewesen wäre, um auch nur einen Grundriß der verschiedenen und doch wieder aufeinander bezogenen drei künstlichen Sprachen für die drei Bilder der Welt zu entwerfen.

Ich wähle also willkürlich die drei Silben *ta, to* und *tam* für die Bezeichnung der drei Stufen des Raumes und bin zunächst sehr erfreut darüber, daß es möglich, ja sogar wünschenswert ist, die drei Stufen der adjektivischen Sprache metaphorisch auch auf die substantivische und auf die verbale Sprache zu übertragen. Dort sind wir gewöhnt, uns auf drei Stufen zu beschränken: klein, kleiner, am kleinsten; übersetzen wir diese drei Stufen, gewissermaßen Höhenlagen, in das Zeitliche des Verbums, so entdecken wir, fast überrascht, daß uns auch da die drei übereinanderliegenden „Zeiten" der Vergangenheit, Gegenwart und Zukunft genügen und daß übrigens die drei Bildungssilben drei — dem Positiv, Komparativ und Superlativ entsprechenden — Stärkegraden der Energieleistung entsprechen, die man ja längst (Wasserkraft und elektrische Strommenge) mit Höhenlagen verglichen hat. Aber auch in der substantivischen Sprache könnte man bei der Bezeichnung der „Fälle" oder Lagen recht gut mit den drei Zeichen *ta, to* und *tam* auskommen, wie viele Sprachen mit 4, 5 oder 7 Fällen. Es wäre aber nun eine wirklich heitere Untersuchung darüber anzustellen, wie die Bildungssilben *ta, to* und *tam* in den drei Sprachen nicht willkürlich, sondern je nach dem Wesen jeder einzelnen Sprache ihren Sinn wandeln und dennoch ihren ursprünglichen

Sinn beibehalten. Die Silbe *tam* etwa bezeichnet in allen drei Welten ungefähr ein Ziel, wohin im Akkusativ der substantivischen Welt ein Subjekt als nach seinem Objekt gelangt, wohin im Superlativ der adjektivischen Welt die Steigerung einer Eigenschaft strebt, wohin in der Zukunftsform der verbalen Welt die Tätigkeit immer gerichtet ist. Ich gestehe, daß ich selbst überrascht und erfreut bin von diesen Übereinstimmungen, die kaum ein Zufall oder ein geistreiches Spiel sind. Sofort aber warnt mich mein altes Mißtrauen gegen die Sprache, die Sache für mehr zu halten als für eine natürliche Folge des Umstandes, daß ich instinktiv die Dreizahl gewählt habe, die (nicht erst in Hegels dialektischer Methode) einer logischen Klassifikation oder gedanklichen Bewegung leicht zu Grunde gelegt wird. In Wahrheit ist die Zahl der „Fälle" (der substantivischen Sprache) so groß anzunehmen wie die Zahl der möglichen Beziehungen zwischen den Dingen; in Wahrheit wären beim Adjektiv so viele Steigerungen zwischen dem gegebenen oder frei gesetzten Positiv und einem idealen Superlativ einzuschieben wie Punkte auf eine Linie gehen. In Wahrheit gibt es zwischen einer relativen Vergangenheit und einer relativen Zukunft nicht nur den spitzen Augenblick der Gegenwart, sondern wieder eine unendliche Zahl von Zeitpunkten, die man denn auch mit Worten, die keine Begriffe sind, mit Zahlworten, festzulegen sucht, mit mathematischen Bezifferungen von Jahren, Tagen und Stunden, von einem willkürlichen Nullpunkte aus gerechnet. Es wäre also nötig, in unsern drei Sprachen die Bildungssilben *ta*, *to* und *tam* wiederum so gelenkig zu machen, daß sie sich — jede für sich — den wechselnden Lagen anpassen könnten; und darüber würde doch gewiß die schöne Übereinstimmung der drei Welten mit ihren drei Sprachen wieder verloren gehen.

* * *

Dreitakt

Ich habe in diesem Gedankengange mehr als einmal an ältere Versuche erinnert, alle unsere Aussage-Möglichkeiten auf so etwas wie drei Kategorien einzuschränken, einen gewissen Dreitakt in der Technik des Denkens herauszufinden. Ich mußte zum Schlusse noch einmal darauf zurückkommen, um zu vollkommener Klarheit einen trennenden Strich zu ziehen zwischen meinem Bilde von den drei Weltbildern und den untereinander entgegengesetzten Bestrebungen, einen wirklichen, unbildlichen Dreitakt der Denkbewegung zur Erklärung des geistigen Lebens zu machen; ich möchte mich zum Schlusse dagegen verwahren, mit meinen drei Kategorien entweder den metaphysisch-logischen Irrtum Hegels oder aber den positivistisch-historischen Irrtum Comtes wiederholt zu haben.

Eine gewisse Ähnlichkeit zwischen meinem dreifachen Weltbilde und der im Dreitakt sich vollziehenden Selbstbewegung der Begriffe, wie Hegel sie lehrt, wäre freilich unauffindbar für jeden, der Hegels Dialektik auf Treu und Glauben für Metaphysik nimmt. Wer aber mit mir auch den verstiegensten Gedankenbau noch menschlich oder psychologisch zu begreifen sich bemüht, wer sich von Hegels Sprachmißbrauch nicht täuschen läßt, der könnte allerdings merkwürdige Beziehungen entdecken zwischen den drei Stufen von Hegels Dialektik und meinen drei allein möglichen Weltbildern. Ich schicke voraus, daß die Dreizahl, ja daß sogar die Aufdröselung jedes Satzes in Thesis, Antithesis und Synthesis einer geheimen Neigung des Menschengeistes entspricht; mehr noch: je schärfer ein Mensch zu denken gewohnt ist, je deutlicher er den Trug der allgemeinen Sätze durchschaut hat, desto lieber wird er bei jedem Begriffe den Sinn, den Gegensinn und die Lösung des Widerspruchs zugleich überblicken und auch in einer schlichten Darlegung, ohne jede dialektische Methode, durch solche Dreiteilungen der Wahrheit zustreben; in der stahlharten Prosa Lessings würde sich ein solcher unbewußter Dreitakt (in der Verwendung von Beiwörtern wie in der Anordnung des Satzbaues) unschwer nachweisen lassen.

Der Dreitakt bei Comte soll ein streng geschichtliches Gesetz sein; und es hat einen verführerischen Reiz, die Aufeinanderfolge der theologischen, der metaphysischen und der positivistischen oder wissenschaftlichen Weltbetrachtung von Comte selbst vorgelegt zu bekommen. Ich lasse es dahingestellt, ob dieser Dreitakt wirklich in der Natur des Menschengeistes begründet sei, ob nicht ein weltgeschichtlicher Zufall im abendländischen Mittelalter das Zwischenglied der Metaphysik eingeschoben habe, ob die abergläubische oder theologische Naturerklärung recht gut unmittelbar der naturgeschichtlichen Forschung hätte weichen können. Wie dem auch sei, die drei zeitlichen Perioden Comtes decken sich einigermaßen, wenn auch nicht genau, mit meinen drei Kategorien. Was dem adjektivischen Weltbilde entspricht, dem sensualistischen Weltbilde des naiven Realismus, das müßte doch der theologischen Weltanschauung noch vorausgehen; denn vor jeder erklärenden Antwort auf die Rätselfragen des Daseins steht sicherlich die allgemeine Meinung des dummen Kerls und des Materialisten, daß man sich nämlich auf die Angaben der Sinne verlassen könne, auf nichts mit solcher Sicherheit wie auf diese Angaben; da sich nun bei Comte die positivistische Weltbetrachtung aus Sensualismus und naturwissenschaftlicher Erkenntniskritik zusammenmischt, wird da die älteste Form der Welterklärung mit der jüngsten vereinigt, ohne daß es zu einer klaren Scheidung käme. Die substantivische oder mystische Kategorie wiederum scheint mir bei Comte sowohl der theologischen als der metaphysischen Anschauung zugrunde zu liegen; es macht für mich, wenn ich erst die Geschichte der menschlichen Aufklärung und somit den Kampf zwischen Philosophie und Theologie als eine traurige Notwendigkeit begriffen habe, keinen so erheblichen Unterschied, ob die alte Furcht in den Erscheinungen der Natur Götter erblickt oder ob die neue Sprachsklaverei die unbekannten Kräfte der Natur zu geheimnisvoll wirkenden Ursachen macht. Es wäre überhaupt nicht zu früh, alle Theologie als das zu erkennen, was sie ihrem Wesen nach ist: primitive Metaphysik, gedankenloses Gedankenwerk. Bis in unsere Zeit hinein war Theologie immer unverschämte Metaphysik, Metaphysik nur zu häufig verschämte Theologie. Dazu kommt, daß es mit der geschichtlichen Aufeinanderfolge auch sonst icht völlig stimmt; mächtige Trümmer der theologischen wie der metaphysischen Weltanschauung sperren überall der positivistischen Ansicht den Weg und den Ausblick, und müssen Weg und Ausblick sperren, weil die Gemeinsprache eben zu einem guten Teil substantivisch geblieben ist. Comte hat bei aller Kühnheit nicht gesehen, daß das verbale oder naturwissenschaftliche Bild der Welt sich mit den alten Zeichen adjektivischer und substantivischer Art nicht rein darstellen läßt, hat nicht gesehen, daß die Sprache der neuen Erkenntnis den Dienst versagt. Die verbale oder naturwissenschaftliche oder positivistische Weltanschauung ist kein Ziel, sondern eine Aufgabe. Darüber hinaus sind aber meine drei Kategorien mit den drei Epochen Comtes nicht zu vergleichen, weil meine Kategorien nicht zeitlich aufeinander folgen, weil nicht eine von der anderen übernommen wird, weil sie vielmehr gleichberechtigt und gleichwertig nebeneinander stehen.

* * *

Drei Wissenschaften

Wenn die sogenannten Wissenschaften aus Worten hergestellte Bilder der Welt sind, die für sich immer nur einmal da war und da ist, so wäre die oft und auf jeder Stufe anders gesuchte Einteilung und Ordnung alles gegenwärtigen und — wie die Klassifikatoren törichter Weise stets hoffen — alles künftigen Wissens auch einmal nach meinen drei Aussäglichkeiten zu wagen. Immer mit der Bescheidenheit und zugleich mit der Zuversicht, daß die drei Wissensgebiete wieder nur einseitige Bilder der einheitlichen Welt bieten, die vor ihrer Vereinigung die Welt nicht ähnlich darstellen können. Es würde sich darum handeln, die drei Wissenschaften auseinander zu halten, die dem substantivischen, dem adjektivischen und dem verbalen Sprachbilde der Welt entsprechen; es ist mir durchaus keine Überraschung, daß eine solche neue Einteilung recht gut zu der gegenwärtigen Welterkenntnis stimmt, die — willig oder nicht — Sprachkritik zur Voraussetzung hat; nur sollte man dabei nicht vergessen, daß die Einteilung oder Klassifikation des Wissens ebenso eine Geschichte habe wie das Menschenwissen selbst.

Die substantivische Wissenschaft, die man meinetwegen auch schalkhaft die Wissenschaft von den Dingen nennen mag, ist in Wahrheit die Lehre von den Göttern, von den Geistern, von den Kräften, ist in Wahrheit die älteste Metaphysik oder erste Philosophie, ist die uralte und ewig junge Ontologie. Die Lehre von den -heiten, ebenso -keiten, und -schaften, auch dann, wenn ein konkretes Wort (Pferd, Apfel) uns verführen will, an ein ganz reales Ding zu denken. Daß zuerst die Götter, dann die Geister, endlich die Kräfte, die man für Ur-Sachen der Erscheinungen ausgab, nicht wirkliche Sachen waren und sind, das wird heutzutage kaum mehr geleugnet; man rechnet Götter, Geister und Kräfte allgemein zu den Gedankenwesen, die wie gute oder schlechte Hilfsbegriffe der Mathematik verschwinden müssen, wenn das Ergebnis der Rechnung einen Sinn haben soll. Aber auch die dinglichen Begriffe, ja sogar die den Sinnen wahrnehmbaren Einzeldinge selbst haben sich uns herausgestellt als hypothetische Konkreta, von denen wir nichts kennen als ihre Eigenschaften. Die substantivische Wissenschaft oder Ontologie ist uns nicht mehr die erste, sondern die letzte Philosophie, sie redet wie vor Jahrtausenden immer noch von einer Welt des Raums oder des Seins, aber Raum und Sein haben das Schicksal der anderen abstrakten Substantive erfahren und sind zu Symbolen geworden. Nur mit einer fühlbaren Ironie dürfte die substantivische Wissenschaft sich das Wissen vom Sein nennen; die Vorstellung, daß das vermeintliche Sein nur Erscheinung sei, nur für die Sinne des Menschen da sei, ist auf dem Wege über Locke, Berkeley und Kant Gemeinbesitz jeder ernsthaften Philosophie geworden und die substantivische Wissenschaft oder Ontologie kennt keine höhere Aufgabe mehr als die, das Symbolische in allen Kräften und Dingen immer deutlicher zu erkennen und immer tiefer zu begründen. Die substantivische Wissenschaft oder die Ontologie ist im Begriffe, zu einer neuen Mystik zu werden; und wenn man spotten wollte, diese meine gottlose Mystik sei überdies geistlos, kraftlos und gegenstandslos (Ding-Gegenstand), so hätte ich gegen einen solchen Scherz nichts einzuwenden, wenn man nur genau auf den eigentlichen Inhalt jedes dieser Wörter horchen wollte: die Mystik, wenn sie nicht zu schweigen vorzieht, redet nach wie vor von Göttern, Geistern, Kräften und Dingen, aber sie weiß, daß Götter wie Dinge nur eine symbolische Wesenheit besitzen, nur im menschlichen Denken sind oder in der Sprache. Daß also die substantivische Wissenschaft zwar notwendig ist, sich in dem Flusse der nichtseienden Welt vor Versinken und Ohnmacht zu bewahren, daß sie jedoch, für sich allein wenigstens, ein irgend angemessenes Bild der Welt niemals schaffen konnte oder kann. Der oberste Begriff, mit dem sich die substantivische Wissenschaft oder die Ontologie befassen kann, ist das Ding-an-sich, wofür ich fernerhin mit einer heimlichen Absicht Ding-für-sich sagen werde, ohne etwas anderes darunter zu verstehen. Und meine heimliche Absicht werde ich sehr bald verraten. Verworn, hinter dessen Konditionalismus sich doch wieder eine materialistische Erkenntnistheorie verbirgt, hat diesen Kantschen Begriff nicht gelten lassen wollen, und ist insoweit völlig im Rechte, als die Welt wirklich nur einmal da ist und nicht ein zweites Mal als ein Ding-für-sich, außerdem, daß sie für uns bloße Erscheinung ist. Bleiben wir uns aber bewußt, daß wir diese eine Welt nicht auf einmal erkennen können, daß wir uns nur verschiedene Überblicke von drei verschiedenen Gesichtspunkten aus verschaffen können, nur drei Aussäglichkeiten über die Welt, so bleibt kein Grund übrig, das Wort Kants abzulehnen; wir dürfen es sogar in der Mehrzahl verwenden und sagen: just die substantivische Wissenschaft oder die Ontologie hat zu ihrem Gegenstande die Dinge-für-sich und die Dinge-für-sich sind — und aus dem gleichen Grunde — ebenso unerkennbar wie bei Kant das Ding-für-sich.

Die Ontologie wäre jedoch eine sehr arme Wissenschaft, wenn sie nur so ungefähr den Weltkatalog zu ordnen hätte, von den Apfelkeiten und Pferdheiten hinauf bis zum Ding-für-sich; die Ontologie hat ja auch Ordnung zu bringen in diejenigen Gedankenwesen, die nicht Abstraktionen von Steinen, Pflanzen und Tieren, die nicht Mischungen oder Verbindungen von Empfindungen sind; die Ontologie begreift in sich auch alle Geisteswissenschaften, d. h. die ordentlichen Beschäftigungen mit den Göttern, Geistern und Kräften, die vorübergehend oder dauernd zu Gedankenwesen der Menschheit geworden sind. Sitte und Recht, Religion und Logik, vor allem aber die Geschichte all dieser Gedankenwesen fällt in das Gebiet der substantivischen Ontologie. Diese Überlegung hätte uns gleich vermuten lassen können, daß die substantivische Wissenschaft uns eher ein ähnliches, nicht eben geschmeicheltes Bild des Menschengeistes geben würde, als ein Bild der Welt.

Das ähnlichste Bild — von einem Gesichtspunkte aus — gibt immer die Photographie, weil sie, genau genommen, gar kein Bild ist, sondern die unmittelbare Wirkung eines lichten Gegenstandes auf die Platte. Genau so wie das Weltbild unserer Sinne die Wirkung der Welt auf unsere Sinne ist. Wir lernen durch unsere Sinne die Dinge so kennen, wie sie für uns sind, nicht für sich. Wir wissen gar nicht, ob die Dinge für sich irgend etwas sind, wir wissen noch weniger, was sie da für sich sind. Wohlgemerkt: „für", ursprünglich „vor", ist gar nicht so eindeutig, wie ein gedankenloser Sprachgebrauch glauben machen könnte.

Die adjektivische Wissenschaft oder die Physik scheint uns also ein viel natürlicheres und darum angemesseneres Weltbild zu schenken als die Ontologie, eigentlich ein Spiegelbild, einen Reflex; die treue Physik, die in ungeheurer Ausdehnung alles zu entdecken und zu beschreiben sucht, was irgend in den Bereich unserer wesentlich adjektivischen Sinnesorgane fällt; just im Gegensatze zur Metaphysik, die immer nur erkennen wollte, was nicht wahrnehmbar ist. Unter Physik verstehe ich hier im weitesten Sinne eigentlich die ganze Welt, nur vom Standpunkte der Sinnlichkeit betrachtet: auch die Klangbilder und die Klangbildgeschichte der substantivischen Wissenschaft oder Metaphysik, auch das Körperliche an den anderen Erscheinungsformen, die ein sogenanntes Eigenleben besitzen und dadurch außer zu der Physik auch noch zu der dritten Klasse gehören, zur verbalen Welt oder der Physiologie. Denn — um es gleich hier zu sagen — auch die Ordnung der Wissenschaften, nach meinen drei Aussäglichkeiten, teilt das Schicksal aller Klassifikationen: die Natur kümmert sich nicht um die Ordnungsliebe des Menschengeistes und hat dem Menschengeiste gegenüber niemals Unrecht. Unsere drei Wissenschaften, die des Substantivs, des Adjektivs und des Verbums, die Ontologie, die Physik und die Physiologie, sind nicht an ihren Gegenständen zu unterscheiden; alle drei können ihr Augenmerk auf den Sirius heften oder auf ein Flimmerhärchen der Luftwege, auf den Gottesbegriff (als Substantiv, als Wortschall oder als Faktor in Religionskriegen) oder auf einen Tautropfen (als Begriff, als Prisma, als Lebensbedingung einer Pflanze).

* * *

Wollust

Wir besitzen das Wort Wollust für eines der stärksten Gefühle, das der Mensch von der Pubertät an kennt, bis es im Alter langsam abnimmt und verschwindet; dieses Gefühl zu untersuchen wäre etwas leichter, wenn wir etwas wüßten über die psychologische Tönung, die es bei den niederen Tieren (die höheren Tiere dürften wohl sehr menschenähnlich sein) oder gar bei den zweigeschlechtigen Pflanzen besitzt als Anreiz oder als Begleiterscheinung der Fortpflanzung der Arten. Ich will versuchen, das Gefühl der Wollust daraufhin zu prüfen, zu welchem von den drei Bildern der Welt es etwa gehören mag. Und ich verbitte mir dabei jeden Leser, der an eine solche Untersuchung mit sentimentalen oder mit zynischen Vorurteilen herantritt.

Nach altgewohntem Sprachgebrauch gehört „Wollust" der substantivischen Welt an; sie ist ein Gut. Wie jede Lust, jede Freude. Wie jeder Schmerz ein negatives Gut wäre. Danach würde die Wollust, wie alle Lust- und Unlustgefühle, der Welt des Scheins angehören, was sich ja recht gut mit der echten christlichen Lehre und mit dem Weg des Buddha vertrüge. Offenbar ist aber diese Bewertung der Wollust einseitig und ergänzungsbedürftig, denn sie bestimmt durch Heiterkeit und Trauer unser Leben und unsere Lebenskraft anders, als andere Scheindinge und Schlagworte unser Leben bestimmen. Die Wollust geht nicht durch die Sprache oder das Denken hindurch. Sie ist da am nächsten mit Kunsterlebnissen verwandt, ist ein Genuß, welchen Menschen, die für Kunst nicht unempfänglich sind, übrigens zu den geistigen Genüssen oder doch zu den sinnlich-übersinnlichen Genüssen rechnen. Daneben ist die Wollust, wenn wir von Perversitäten absehen, aufs Engste mit der verbalen Welt verbunden, mit dem Vorgang des Zeugens; so eng verbunden, daß wir nicht mit Sicherheit sagen können, ob die Wollust eine Bedingung oder eine Wirkung des Zeugungsaktes ist; wahrscheinlich ist also die Wollust doch nur eine Eigenschaft, eine Qualität des Aktes, der adjektivische Gefühlston des verbalen Geschehens. Weil wir, was wir instinktmäßig im Dienste der Arterhaltung tun, auf unser Individuum beziehen, solange wir leben. Wie wir, solange wir leben, einen gegenwärtigen Genuß empfinden, wenn wir essen und trinken zur Selbsterhaltung. Die Ähnlichkeit zwischen der Befriedigung des Geschlechtsbedürfnisses oder der Arterhaltung und der Befriedigung des Hungers oder der Selbsterhaltung ist überaus lehrreich. Was vorhergeht, der Naturtrieb, ist aus Lust- und Unlustgefühlen gemischt; was nachfolgt, die Befriedigung, ist nur in der sprachlichen Bewertung ganz verschieden; der Genuß selbst ist sehr ungleich in der Rangklasse, begrifflich aber von ähnlicher Art, nur daß die Befriedigung des Hungers, Fälle von äußerster Lebensgefahr ausgenommen, einen so dramatischen Höhepunkt nicht kennt.

Die Wollust darf also weder eigentlich zu den substantivischen Scheinbegriffen noch einseitig zu den verbalen Begriffen des Geschehens gezählt werden. Ich hätte diesen Umweg sparen können, wenn ich davon ausgegangen wäre, daß die Wollust zu den Lebensgefühlen gehört, und daß alle Gefühle unweigerlich Qualitäten sind, Eigenschaften, nicht anders als die Empfindungen der äußeren Sinne, die wir mit den Namen der Töne und Farben bezeichnen. Ich will mich an dieser Stelle nicht damit aufhalten, zwischen Empfindungen und Gefühlen besser zu unterscheiden als das der gegenwärtigen Psychologie gelungen ist; der naive Mensch kennt den Unterschied ebenso wenig wie irgend einer der unkritischen Griechen ihn kannte. Ich will aber etwas Wichtigeres sagen: erkenntniskritisch die Verwandtschaft aufzuzeigen, die meines Erachtens zwischen der biologischen Entstehung von Tönen und Farben (sicherlich auch und vielleicht noch ähnlicher von Geschmäcken und Gerüchen) und der gleichfalls biologischen Entstehung von Gefühlen besteht. Wir wissen heute, oder wir drücken es wissenschaftlich so aus, daß in der mechanisch zugänglichen Wirklichkeitswelt draußen nichts von Tönen und Farben existiert, sondern nur (sehr ungleich ausgedehnte) Schwingungen der Luft und des Äthers, — ich würde vorschlagen, anstatt des angeblichen „Äthers" jedesmal den geläufigeren „Raum" zu setzen —, daß diese Schwingungen, wenn ihr Rhythmus sich ordnen läßt, von der Ökonomie der Zentrale unserer Sinnesorgane als Töne, als Farben zusammengefaßt werden. Viel hübscher und einprägsamer als die Fülle der wahrgenommenen Individuen etwa durch die Sprache in konkreten oder abstrakten Allgemeinbegriffen geordnet werden. Es würde zu weit führen, wollte ich hier noch genauer untersuchen, daß wir nicht alle Sinnesempfindungen in die quantitative Sprache der Mathematik übersetzen können, daß wir neben den meßbaren Empfindungen von Tönen und Farben (c, cis, rot, gelb) auch unbestimmte (laut, hell) haben; nur das möchte ich gleich bemerken, daß die Gefühle der Lust und der Unlust mathematischen Messungen nicht zugänglich sind.

Sind aber die Gefühle des inneren Sinnes darin den Empfindungen der äußeren Sinnesorgane gleichzusetzen, daß beide ihren Ursachen nicht im Wesen ähnlich sind, so scheint sich mir daraus eine ganz neue Vorstellung von den so unmittelbar vertrauten Gefühlen der Freude und des Schmerzes zu ergeben. Die Transformation von mechanischen Schwingungen in die Empfindung von Tönen und Farben ist ebenso lehrreich wie rätselvoll; das Gesetz der Ökonomie läßt uns begreifen, daß die Gehirnzentrale geordnete Mengen von Schwingungen abzusondern eingeübt hat, der besseren Übersicht wegen; wie der Kassierer einer Bank Pakete von Noten abgezählt zur Hand hat. Nicht begreiflich aber ist für eine mechanistische Weltansicht, daß diese Pakete von Schwingungen, sobald sie erst als Empfindungen gebunden sind, auch einen einprägsamen Gefühlston besitzen, daß sie als Ton- und Farbenempfindungen erfreuen oder schmerzen können, daß sie von Künstlern als Material hoher Künste verwendet werden können. Nicht unbegreiflicher als dieser Gefühlston der Sinnesempfindungen, der doch auch das Zeichen von irgend etwas Wirklichem sein muß oder sein mag, ist nun meines Erachtens der Umstand, daß die eigentlichen Lust- und Unlustgefühle ebensolche Transformationen sein mögen von Schwingungen oder Molekularbewegungen, die wir besonders Reize nennen, sobald sie auf Nerven ohne spezifische Sinnesenergien treffen. Bevor wir aber über diese

Rätsel staunen, wollen wir uns darauf besinnen, daß wir auch bei den Transformationen der Physik nur die quantitativen Aufgaben gelöst haben, nicht die qualitativen; wir haben ziemlich genau berechnet, nach welchen Zahlen sich Elektrizität in magnetische Kraft, in Arbeit oder in Wärme und Licht verwandelt, hochgespannte Ströme in schwache Ströme, wir haben aber auch heute noch keine Ahnung davon, was das heiße: Elektrizität ist Licht oder verwandelt sich in Licht. Alle Rätsel der Lust- und Unlustgefühle fallen zusammen mit dem Rätsel des Lebens, mit dem Rätsel des Ichgefühls. Das Denken oder die Sprache geht immer auf Sinnesempfindungen zurück und ist darum sensualistisch, materialistisch; die Qualitäten, die mit Lust und Unlust zusammenhängen, hängen von keinen Sinnesorganen ab, sind Qualitäten des inneren Sinnes, sind darum jenseits der Sprache, über oder unter der Sprache. Nur in Ahnungen können wir sagen oder auch denken: die Gefühlstöne der Töne und Farben entsprechen irgend einer Harmonie in den Beziehungen der Schwingungszahlen; der Schmerz ist eine Warnung vor Schädigungen des Organismus, der sich selbst erhalten möchte, und die Freude ist der zustimmende Glaube an einen Nutzen für denselben Organismus (Täuschungen des Urteils sind ja nicht ausgeschlossen); die Wollust endlich enthält den Gefühlston der Liebe zu der Freude an der Erhaltung der Art durch den gleichzeitigen Zeugungsakt. Übrigens möchte ich nicht unterlassen, bei dem Vortrage solcher Ahnungen die Worte zu wiederholen, mit denen Kant seine eigenen tiefsinnigen „Träume der Metaphysik" selbstkritisch oder schelmisch unterbrochen hat: „Übrigens ist die Berufung auf immaterielle Prinzipien eine Zuflucht der faulen Philosophie und darum auch die Erklärungsart in diesem Geschmack nach aller Möglichkeit zu vermeiden."

Ich vermeide sie nach Möglichkeit und kehre zu der Frage zurück, welcher der drei Welten das Gefühl der Wollust zuzurechnen sei. Adjektiv, Substantiv und Verbum sind Namen und Name ist Schall und Rauch. Richten wir unsere Aufmerksamkeit auf das Lustgefühl der Wollust, so ist es wie jedes Gefühl eine Eigenschaft, eine Qualität, nahe verwandt den allein wahrnehmbaren Sinnesempfindungen der adjektivischen Welt. Richten wir unsere Aufmerksamkeit auf die Wollust als die Ursache oder die Begleiterscheinung eines Triebes, so wird das Lustgefühl zu einer Täuschung, die Tätigkeit des Zeugens wird zur Hauptsache, der Zweck im Verbum geht nicht mehr auf die Lust, sondern darüber hinaus auf die Arterhaltung und wir haben es mit einem Vorgang der verbalen Welt zu tun. Richten wir unsere Aufmerksamkeit auf das erstrebenswerte Gut, mag es nun Freude oder Wollust oder Liebe heißen, so wissen wir schon, daß alle diese dinglichen Begriffe ihrem Wesen nach Hypothesen sind, Gestaltungen der Mythologie, Götter oder Götzen der substantivischen Welt. Nicht anders als jedes andere Erlebnis, doch auf schnellerem und geraderem Wege, kann uns die Erfahrung der Wollust zu dem Aussichtspunkte des höheren Stockwerkes führen, von wo aus die drei Bilder der Welt sich als drei gleichwertige Täuschungen des Menschendenkens erweisen; ganz besonders das Gefühl der Wollust können wir mit adjektivischen, verbalen oder substantivischen Wörtern nicht erklären, und nicht einmal beschreiben. Die gottlose und darum wortlose Mystik hat uns allein geholfen, einen menschlichen Sinn zu bringen (einen anderen kennen wir nicht) in die fremde Tatsache, daß die Zurechtfindung in der Welt durch die Sinnesempfindungen, daß die Erhaltung des Individuums, daß besonders die Erhaltung der Art durchaus mit Lustgefühlen verknüpft ist, deren Entstehung weder die Sinnesphysiologie der adjektivischen Welt, noch der Ursachbegriff der verbalen Welt, noch die Mythologie der substantivischen Welt uns irgendwie nahe gebracht hat.

* * *

Fröhliche Wissenschaft

Ein Gegner des Moralphilosophen Schopenhauer, ein Gegner, der aber wider Willen doch auch ein Schüler war, Auch Einer, d. h. Fr. Th. Vischer, hat (zu Beginn des Tagebuches von A. E.) eine tiefe Bemerkung zu dieser Warnung vor einer Vervielfältigung der Welt gemacht. In seiner Jugend, noch bevor er Hegelianer wurde, hatte sich Vischer mit Fragen nach dem Nichts das Hirn zermartert, bis zu Selbstmordgedanken. Nun aber schrieb er unter der Maske von A. E.: „Der Unsinn mit dem Nichts kommt nur daher, daß man zuerst verlangt, die Einheit aller Dinge solle neben den Dingen auch etwas sein, und dann sich darüber erzürnt, daß sie nichts ist, wenn man die Dinge, deren Einheit sie ist, von ihr wegdenkt. Es ist latenter Deismus."

Auf die schlagende Einsicht, daß der Theismus — der sich in diesem Falle für sehr aufgeklärt hält und schon beinahe Pantheismus ist — nur einen Ausdruck darstellt für die Zweimalsetzung der einen Welt, werde ich am Ende dieser Untersuchung sicherlich zurückkommen müssen. Hier sei das Wort Vischers nur als Auftakt benützt, um einzuleiten, was ich über die Notwendigkeit zu sagen habe, über die von der Sprache geforderte Notwendigkeit, die eine Welt in drei verschiedenen Weltbildern auseinanderzulegen, um diese Welt zuletzt wieder übersprachlich, wortlos als nur eine zu begreifen oder doch zu fühlen. Was ich über meine Sehnsucht, die mir not ist, zu sagen habe, über den Zwang, hinaus aus den Illusionen der Sinne, der Kunst und der Wissenschaft zu meiner gottlosen und vielleicht auch weltlosen Mystik zu gelangen.

* * *

Koordinaten

Es gibt nur eine Welt und unsere drei Bilder von ihr müssen einander ergänzen und womöglich korrigieren, wenn wir — jenseits ihrer drei verschiedenen Sprachen — zu einem ähnlicheren Bilde gelangen wollen; etwa so, wie wir zum Bilde eines Punktes im sogenannten Raume nicht durch eine Abmessung allein kommen können, sondern erst dadurch, daß die drei Abmessungen des Koordinatensystems einander ergänzen und korrigieren. Und wie wir diesen Punkt immer nur in Beziehung auf das willkürlich gewählte Koordinatensystem bestimmen können, relativ, nicht ohne Bezugsystem, so können wir auch die Welt, von welcher wir die drei ungleichen Bilder haben, in einem ähnlicheren Bilde, in einer absoluten Sprache nicht begreifen. Wir haben keine Sprache eines inneren Sinnes. Wäre die vierte Dimension nicht eine bloße Phantasie, besäßen wir — was Einstein in mathematischen Formeln träumt — vorstellbar ein vierdimensionales Koordinatensystem, so wäre uns die Möglichkeit gegeben, den Punkt im sogenannten Raume auch noch in der sogenannten Zeit zu bestimmen, immer noch nicht absolut, aber doch viel genauer als in der alten Mechanik; so besäßen wir auch eine ähnlichere Zeichnung von der Welt, wenn wir über den durcheinandergewirrten adjektivischen, substantivischen und verbalen Teilen der Gemeinsprache noch eine Sprache des inneren Sinnes hätten, unabhängig von unseren äußeren Sinnen, unabhängig von unserem zerstückten Wissen. Eine solche Sprache ist aber unmöglich, weil alle Menschensprache aus den äußeren Sinnen entstanden ist, einerlei ob materialistisch, metaphorisch oder scheinwissenschaftlich, weil wir für das, was ich unbehilflich genug den inneren Sinn genannt habe, nicht einmal eine unzweideutige Bezeichnung zur Verfügung haben.

* * *

Auch dadurch unterscheidet sich meine sprachkritische Weltanschauung von der ganz dogmatisch materialistischen, daß die Materialisten, die gegenwärtig alle ungefähr zu Darwin schwören, das alte Rätsel der Zweckmäßigkeit in den Organismen und der Weisheit in den Naturgesetzen immer noch zu lösen suchen, die Sprachkritik jedoch eine solche Forderung nicht anerkennt. Ich will dies jetzt an einem wesentlichen Zuge der Naturgesetze deutlicher zu machen suchen.

Noch Kant hat bekanntlich das moralische Gefühl in uns und das Anstaunen des gestirnten Himmels über uns in eine Parallele gesetzt; Newton gar, der große Vollender der Himmelsmechanik, hat sich durch seine bahnbrechenden Entdeckungen in seinem Bibelglauben nicht erschüttern lassen. Inzwischen aber ist aus dem mechanischen Bilde unseres Sonnensystems durch die theoretische Physik ein immer strengeres mathematisches Bild geworden. Wer in seinem Herzen nicht blasiert ist gegenüber der Natur, steht immer noch staunend vor den Wundern ihrer Gesetze, ehrfurchtsvoll, aber nicht mehr knechtisch bewundernd vor einem übernatürlichen Erfinder oder Ausdenker dieser Gesetze. Man gestatte mir zwei Beispiele, wobei meine mangelhaften Kenntnisse mir helfen werden, im Rahmen der elementaren Wissenschaft und somit der Gemeinverständlichkeit zu bleiben.

Innerhalb der Zahlentheorie gibt es Gesetze, die auf den Anfänger einen durchaus wunderbaren Eindruck machen, wie selbst schon die einfachsten Regeln über das Erkennen der Teilbarkeit der Zahlen. Schwierigere Verhältnisse sind oft leichter einzusehen als zu beweisen; die berühmte Fermatsche Formel ist nach bald dreihundert Jahren noch nicht bewiesen worden, trotz des lockenden Preisausschreibens. Wir sind aber überzeugt davon, daß diese Zahlengesetze nicht von außen auferlegt worden sind, daß sie vielmehr ihren alleinigen Grund in dem von den Menschen gut oder schlecht gewählten und ausgestalteten Zahlensysteme haben. Ein anderes System als das dekadische hätte etwas andere Gesetze. Wir haben also in der höheren Arithmetik gar keine Veranlassung, nach einem außermenschlichen Gesetzgeber zu forschen.

Nicht ganz so einfach scheint die Sache in der Geometrie zu liegen, weil da die Grundformen (z. B. die Kegelschnitte) zwar von der Natur nicht handgreiflich geboten wurden, aber ganz gewiß auch nicht von den Menschen gewählt oder erfunden werden konnten; die Bewegungen in der Natur *mußten* bei gehöriger Analyse zur Aufstellung und Berechnung gerade dieser Formen führen. Trotzdem ist eine Analogie zu den Erscheinungen der Zahlentheorie vorhanden und nicht leicht wird jemand auf den Einfall kommen, den lieben Gott um das Mitteilen oder gar um das Geben dieser Gesetze zu bemühen. Da ist z. B. der Pythagoräische Lehrsatz mit seinen wirklich wie ein Wunder überraschenden Beziehungen zum Kreise; da ist der Kreis, die „vollkommenste" Linie unter den Kegelschnitten; da ist die Tatsache, daß der Pythagoräische Lehrsatz, diese auffallendste Erscheinung an der Kreislinie, zu einem Verständnisse der Differentialrechnung unbedingt notwendig ist. An Allgemeingültigkeit übertrifft der Pythagoräische Lehrsatz die Zehngebote. Dennoch glaubt niemand, daß er übernatürlichen Ursprungs sei. Wie wir bei der Zahlentheorie wissen, daß sie von dem Zahlensysteme abhängt, so ahnen wir bei diesem Lehrsatze wenigstens, daß er von dem Raumsysteme abhängt, das sich uns so oder so nach unserer Sinnlichkeit aufgedrängt hat. Die Wunder der Geometrie sind womöglich noch erstaunlicher als die Wunder der Himmelsmechanik und liegen dieser ganz gewiß zu Grunde; wer sich aber nicht künstlich um einige Jahrhunderte zurückschrauben will, der wird gar nicht daran denken, bei diesen Wundern (ich scheue das Wort nicht) einen Wundertäter oder gar Zweckursachen anzunehmen.

Kein Geringerer als Voltaire, der Schüler von Locke und Newton, von denen beiden er also das Wichtigste nicht gelernt hatte, hat noch eine solche Albernheit ausgesprochen. Und er tat dies nicht etwa in einem seiner ostensibeln Aufsätze, in welchen er mit ganzer oder halber Ironie seinen Frieden mit der Kirche schloß, er tat dies just in seinem „Traité de Metaphysique", den er nicht für die Öffentlichkeit bestimmt, sondern für den Privatgebrauch seiner Freundin, der in jeder Beziehung freien Marquise du Châtelet geschrieben und ihr mit einem überaus galanten Quatrin gewidmet hatte. Ich muß den unglaublich törichten Satz im Original hersetzen. „Des lois mathématiques sont immuables, il est vrai: mais il n' était pas nécessaire que telles lois fussent préférées à d'autres." Also: der liebe Gott hätte auch andere mathematische Gesetze einsetzen können, wenn er anders gewollt hätte. Unmittelbar darauf folgt in diesem erstaunlich scholastischen Traktat Voltaires Bekenntnis zu den Zweckursachen, den causes finales.

So ist für uns ein Analagon geschaffen, meinetwegen auch nur ein Schema, um weiter aufwärts oder abwärts auch bei chemischen, biologischen und psychologischen Erscheinungen mit bescheidener Resignation die Vorstellung zu fassen, daß diesen Gesetzen wiederum die Bedingungen der Affinität, des Organismus, des Geistes zugrunde liegen. Daß wir offen zugeben, nicht zu wissen, was Affinität, was Organismus, was Geist sei, tut nichts zur Sache; wir wissen ja auch nicht, was Raum ist.

Wer trotz alledem die uralte Kopfarbeit nicht aufgibt, die Wunder der Natur mit dem Sprachworte Gott in eine ursächliche Verbindung zu bringen, der gemahnt mich an die unverbesserlichen Leute, die immer noch die Quadratur des Kreises suchen, nachdem ihnen unwiderleglich gezeigt worden ist, daß die Formensprache des Kreises sich niemals ohne Rest in die Formensprache des Rechtecks übersetzen läßt. Nur daß die Quadratur des Kreises zu einer Annäherung führt, die Einführung Gottes in die Natur zu einer Entfernung von der Natur.

* * *

Feuer

„*Feuer*" gehört der Gemeinsprache der Menschen sicherlich nicht aus solcher Urzeit her an wie etwa Wasser, Erde oder Luft; Feuer war vor den Erfindungen, mit denen man es zum Zwecke von Licht und Wärme nach Belieben „machen" konnte, gewiß nicht alltäglich; doch schon in vorgeschichtlicher Zeit müssen Feuersbrände infolge von Blitzschlag beobachtet worden sein. Es wäre ganz gut möglich, daß der Aberglaube oder die Gottesfurcht, bei der Deutung einer Feuersbrunst, in dem Blitzstrahl das Werkzeug einer Reinigung sah, also wirklich, wie die Etymologen wollen, gr. πυρ (auch unser „Feuer") von einer „Wurzel" herkäme, die „wehen", auch „reinigen" bedeutete. Nur daß Platon, der freilich ein elender Etymologe war, ausdrücklich sagt, πυρ sei im Griechischen ein Fremdwort. Kein Zweifel, daß das Wort mit der Sache aus dem Lande eingeführt wurde, wo die Erfindung des Feuermachens geglückt war.

Hatte man aber erst die Sache, das Feuer auf dem Herde, zum häuslichen Gebrauche, so verstand man unter dem Worte ganz natürlich eine Sache, ein Ding, einen Gegenstand. Ein Geschenk der Götter.

Es war schon Kritik dabei, Naturphilosophie, als man die Bestandteile aller Körper zu erraten suchte und das Feuer zu den vier Urbestandteilen oder Elementen zu rechnen begann; es ist bekannt, welche Rolle das Feuer oder das „Warme" in der alten Klassifikation der Körper spielte, von Aristoteles bis ins achtzehnte Jahrhundert hinein. Erst durch die Entdeckungen von Lavoisier und Priestley, durch die Erkenntnis des Vorgangs beim Brennen, hat das Feuer aufgehört, ein Ding zu sein und ist zu einer „Erscheinung" geworden. Nicht zu einer Erscheinung im erkenntniskritischen Sinne, nur zu einer Erscheinung im Sinne einer Arbeit, einer Tätigkeit. Für unsere Physiker sind jetzt z. B. Kohlenstoff und Sauerstoff Dinge und zwar Elemente, das Feuer nur die Gruppe einiger Erscheinungen, die bei der chemischen Verbindung von Kohlenstoff und Sauerstoff durch ihre Wirkungen beobachtet werden. Was für das Feuer gilt, gilt auch für seine beiden Formen, die Glut und die Flamme.

Für die naive Vorstellung hat aber Feuer, Glut, Flamme nicht aufgehört, ein Ding zu sein, bildlich ein gefräßiges, unersättliches wildes Tier; und diese naive Vorstellung ist insofern völlig in ihrem Rechte, als eine Flamme allerdings nicht weniger und nicht mehr ein Ding ist, neben und über ihren sinnlich wahrnehmbaren Eigenschaften, als etwa ein Apfel ein Ding ist, neben und über seinen sinnlich wahrnehmbaren Eigenschaften. Nur darf man aus dieser Analogie nicht den verkehrten Schluß ziehen: also sei die Flamme oder das Feuer wie der Apfel ein Teil der einzig gegebenen, realen Wirklichkeitswelt. Richtig ergibt sich aus der Vergleichung der andere Analogieschluß. Die Flamme ist wie der Apfel eine vorübergehende Erscheinungsform der durch chemische und andere Kräfte miteinander verbundenen Elemente; und wie schon die Flamme offensichtlich nichts ist als die Summe der Eigenschaften, die durch die chemischen usw. Kräfte in uns zur Wahrnehmung gebracht werden, so wird auch der Apfel nicht noch ein zweites Mal da sein, außer daß er die Summe seiner Eigenschaften ist.

Feuer und Apfel ist nicht zweimal da, sondern nur einmal, von zwei verschiedenen Standpunkten aus verschieden gesehen. Einmal ist das Feuer eine Summe von (bekannten und noch unbekannten) Eigenschaften und gehört somit seinen bekannten Eigenschaften der adjektivischen Welt an, der es vielleicht dereinst mit seinen bisher unbekannten Eigenschaften weiter angehören wird; das andere Mal gehört das gleiche Feuer, sofern man ihm Körperlichkeit zuspricht, zur substantivischen Welt und da trifft es sich recht gut, daß das Feuer, wie wir eben angenommen haben, in vorgeschichtlicher Zeit eben zu den göttlichen Dingen gehörte. Wir wissen es nur nicht, daß wir immer Mystik treiben, eine Art Religion, wenn wir bisher irgend welchen Eigenschaften einen Ausgangspunkt oder einen Träger suchen.

Die neuere Physik, die im Feuer nur noch eine Erscheinung erblickt, eine Tätigkeit der Elemente (z. B. des Kohlenstoffs und des Sauerstoffs) und die Folgen dieser Tätigkeit, eine Arbeit, — die neuere Physik hat uns mit der Vorstellung vertraut gemacht, daß das Feuer, wie wir es wahrnehmen, zu der adjektivischen Welt zähle. Was das Feuer an sich sei, nicht als Ding an sich, sondern als Erscheinung an sich, als Erscheinung ohne Hinblick auf den menschlichen Wahrnehmer, das beantwortet die Naturwissenschaft damit, daß sie alle Eigenschaften aus einer Energie oder Arbeit erklärt; und die neuere Psychologie bemüht sich mit noch stärkerem Erfolge, die Eigenschaften — vielmehr die Entstehung der adjektivischen Wahrnehmungen in unserem Hirn — aus der Wirkung von Energien, aus der Arbeit an unseren spezifischen Sinnesorganen zu erklären. Dadurch rückt die gleiche Erscheinung Feuer, die wir eben erst als substantivisch und dann als adjektivisch sehen gelernt haben, in ein drittes Blickfeld: sie wird durch den Versuch einer äußeren und inneren wissenschaftlichen Erklärung zu einem „Gegenstande" der verbalen Welt. Wir nennen da den Gebrauch des Wortes „Gegenstand" bildlich; und ahnen nicht, daß es eben auch nur ein Bild war, wenn wir das Feuer der substantivischen Welt für einen körperlichen Gegenstand, für ein Ding gehalten haben; wir ahnen noch nicht, daß wir es sogar in der adjektivischen Welt bildlich verstehen sollten, wenn wir da (wenigstens durch den Gesichtssinn) wirkliche Bilder zu sehen glauben.

Wir glauben also die seit Urzeiten bekannte Erscheinung des Feuers, je nachdem sie in unser Blickfeld fällt, der substantivischen, der adjektivischen oder der verbalen Welt zuordnen zu müssen. Nun wird aber die Einschaltung eines Gegenstandes unter das eine oder andere Blickfeld notwendig durch einen psychologischen Vorgang geleitet, den wir einfach unter den Begriff des Interesses oder der Aufmerksamkeit bringen können (Wörterbuch der Philosophie).

Kein Zweifel, daß so die Antwort auf die Frage, unter welchem Bilde der Welt wir die Erscheinung des Feuers erblicken wollen und müssen, zuletzt in Abhängigkeit steht von unserem persönlichen Vorteil, und wäre dieser auch nur der Vorteil einer geistigen Bequemlichkeit. Das Blickfeld, vom Interesse in Anspruch genommen, wechselt im Denken oder Sprechen so unaufhörlich, daß in alltäglichen Redensarten wie in physikalischen Lehrbüchern die Grenzen sich immer wieder verwischen. Ich kann nur einzelne besondere Fälle hervorheben, in denen die Erscheinung des Feuers deutlich in eines der drei Blickfelder fällt.

Als die Hervorbringung des Feuers noch Kunstfertigkeit und Arbeit nötig machte, war mit dem Besitze von Glut auf dem Herde ein beträchtliches Interesse verbunden. Wohlgemerkt: mit dem Besitze. Mit der Herrschaft also über eine Sache, die man Fremden vorenthalten, die man an Freunde abgeben konnte. Das Feuer oder die Glut hatte einen, wenn auch noch so geringen, Tauschwert. Den Wert einer Gefälligkeit mindestens. Sehr verblaßt, aber nicht völlig verschwunden ist dieser Tauschwert, wenn heute jemand, dem die Streichhölzer ausgegangen sind, nach allgemeiner Sitte nicht nur einen Freund und Nachbar, sondern jeden Unbekannten um Feuer bitten darf und den kleinen Dienst mit einer kleinen Höflichkeit bezahlen muß. In einer Urzeit, wo es in der ganzen Ortschaft vielleicht nur eine einzige Feuerstelle gab, wurde Dienst und Dank höher bemessen und die Glut auf dem Herde war eine Sache, an der dingliche Rechte hafteten. Mehr noch: die Glut oder das Feuer konnte als ein Gemeingut der Ortschaft betrachtet werden, als ein kleiner Schatz, der denn auch in einem Tempel bewahrt und gehütet wurde.

An kalten Tagen, in nördlichen Gegenden, richtete sich die Aufmerksamkeit auf eine adjektivische

Nebenerscheinung des Feuers, die als Wärme angenehm, als übergroße Hitze unangenehm empfunden wurde. Wer seine Stube heizte, der dachte nicht mehr an den sachlichen Charakter des Feuers, sondern nur noch an seine wertvollste Eigenschaft, an die Wärme. Und wertvoll, im Sinne eines Geldwertes, wurde diese Eigenschaft erst in neuerer Zeit, als der Brennstoff nicht mehr herrenloses Gut war, als das Holz bezahlt werden mußte; da geschah es, daß die Eigenschaft der Wärme einen Preis bekam, als wäre sie eine Sache. Und die Grenzen verwischten sich wieder. In alter Zeit jedoch, noch nicht in der Urzeit, konnte der Mann in der warmen Stube das Ofenfeuer ausschließlich von dem Blickpunkte der adjektivischen Welt aus betrachten.

In ebenso alter Zeit wurde aber das Feuer schon der verbalen Welt zugerechnet, wenn der Beobachter sein Interesse auf die Verwandlungen einstellte, die das Feuer mit Haus und Hof vorzunehmen drohte. Als Feuersbrunst, die alles, was wertvolle Sache war, in wertlose Asche zu ändern pflegte, chemisch zu ändern. Ein Vorgang also, den man nicht wissenschaftlich auf Gesetze zurückführte, den man aber doch schon in Urzeiten als Vorgang unterscheiden lernte. Den man entweder gottergeben tragen oder durch Wassergüsse abwenden konnte; immerhin, mit solchen Erfahrungen fängt

Wissenschaft an. Und geht weiter zur Erforschung genauerer und immer genauerer Zusammenhänge, bis sich das verbale Weltbild des Feuers zur heutigen mechanischen Wärmetheorie entwickelt hat, die für jede Art von Arbeit, also für jede verbale Änderung (geistige Arbeit vorläufig ausgenommen) ein mechanisches Wärme-Äquivalent einsetzt.

So steht es heutzutage um das, was in der allen drei Weltbildern gleich gefälligen Gemeinsprache „das Feuer" heißt. Den Wilden und den Kindern, gewiß auch den Tieren, ist es nach wie vor ein Gegenstand, wie der Holzblock, der im Feuer aufgeht. Dem Bewußtsein des Durchschnittsmenschen ist dieses selbe substantivische Wort Feuer die Gesamtheit von Eigenschaften, insbesondere des Warmseins, die durch Einwirkung des Feuers in schlau erfundenen Körpern (Öfen) hervorgerufen werden. Dem Techniker aber, wenn er von den Künsten einer Köchin zu dem Hochwissen eines Professors der Wärmelehre emporgediehen ist, ist das Feuer aus einem Ding zu einer Erscheinung geworden, eigentlich zu einer Illusion, sind sogar die Eigenschaften nicht mehr Eigenschaften dieser Erscheinung, sondern Übersetzungen von Bewegungen in die Sprache unserer spezifischen Sinnesenergien, ist also dieses selbe Feuer nur noch ein chemisches Geschehen, ein Vorgang in der verbalen Welt. Ich brauche nicht ausdrücklich hinzuzufügen, daß auch schon im Weltbilde der einfachen Köchin, auch der ohne gelehrte Kochschule tätigen, das Feuer einzig und allein als Ursache von Veränderungen Aufmerksamkeit erregte: durch Feuer, über dem Feuer wurde das Ei „hart", wurde die Erbse „weich" und ob man diese Erfahrung als eine gottgegebene Tatsache ohne Grübeln hinnahm oder sie (sehr spät) auf allgemeine chemische „Gesetze" zurückführte, darauf kommt es mir hier gar nicht an. Sollte einmal, nach dem Traume mancher wissenschaftlichen Wahrsager, die Erde nach einem Zusammenstoß mit einem anderen Weltkörper in Flammen aufgehen, so werden die Kinder anderer Sterne diese ferne Flamme als einen Gegenstand zu erkennen glauben, die lebendigen Erdenbewohner werden — so lange sie noch lebendig sind — die Eigenschaften dieser Flammen fühlen, aber auch nach der Vernichtung von allem Leben und unabhängig von den Beobachtern auf fernen Sternen wird die chemische Verwandlung der ehemaligen Erde sich vollenden; nur daß keine Wissenschaft da sein wird, zu sagen, was da geschieht.

* * *

Ich kann nicht leugnen, daß das *Feuer* als Beispiel mit einiger Hinterlist gewählt war; es war ein altes Rätselwort. Da gibt es aber eine Wirkung des Feuers, die jeder Köchin wohlbekannt ist und an der sich dennoch die Schwierigkeiten meiner drei Kategorien ebenso gut aufzeigen lassen, vielleicht noch besser. Wenn die Köchin, ohne jede Philosophie, einen Topf mit Wasser über die Flamme stellt, so wird das Wasser heiß und siedet oder kocht endlich. Ich bemerke natürlich nur ganz nebenbei und oberflächlich, daß „Wasser" ein Substantiv ist, „heiß" ein Adjektiv, „sieden" ein Verbum; das mag sogar die Köchin wissen, wenn sie nicht ganz vergeblich die Volksschule besucht hat. Mir ist es darum zu tun zu ergründen und darzustellen, in welchen Bildern man sich die Erscheinung des siedenden Wassers zu erklären gesucht hat. Platon, Kant und Carnot sind mir die Vertreter der drei möglichen Aussäglichkeiten, nicht so sehr in geschichtlicher Reihenfolge als in logischer Anordnung: Platon hätte alle Teilvorstellungen des Vorganges in seine substantivische Welt einfügen müssen, Kant in seine adjektivische (hier stimmt etwas nicht), Carnot glaubte eine verbale Welt zu sehen und zu beschreiben und wußte nur nicht, daß er von Kant und sogar von Platon Einiges hätte hinzulernen können.

Der Fall, daß eine Naturerscheinung, von zwei verschiedenen Standpunkten aus betrachtet, zweien ungleichen Sprachen zuzugehören scheint, deren Sprecher einander nicht verstehen, ist gar nicht so selten, wie die schwerfällige Fassung des Problems es vermuten läßt. Ich will ein Beispiel geben, das allerdings vollste Aufmerksamkeit erheischt. Die sogenannte Ludolfsche Zahl, gewöhnlich π bezeichnet, ist die näherungsweise versuchte Relation zwischen dem Durchmesser und dem Umfang eines Kreises. Nun hat eine ganze Reihe hervorragender Mathematiker allen erdenklichen Scharfsinn aufgewandt, um zu beweisen, daß die Relation sich nicht genau bestimmen lasse, daß π eine Irrationalzahl sei, daß die Quadratur des Zirkels nicht möglich sei. Was heißt das, in kritische Sprache übertragen? Doch wohl, daß die Sprache des Zirkels und die Sprache der Quadratur verschieden sind.

* * *

Auch von Menschen lassen sich mehrere Bilder vorstellen, die durchaus keine Ähnlichkeit miteinander hätten, obgleich sie Bilder eines und desselben Gegenstandes wären. Man denke sich den Menschen einmal als Gesamtheit der Blutkörperchen und ihrer Arbeit, ein andermal als Gesamtheit des Hirngewebes und seiner Arbeit; ungefähr dürfte das Unterbewußtsein, das das höhere Säugetier von seinem Organismus haben mag, dem Herzbilde vom Menschen entsprechen, der Mensch der auf Sprache begründeten Psychologie dem Hirnbilde. Offenbar ist jedes der beiden Bilder einseitig bis zur Falschheit; die Gehirnarbeit gehört mit zu den Ursachen oder Bedingungen des Blutkreislaufs, das Blut gehört mit zu den Ursachen oder Bedingungen des Hirnlebens.

Die Wechselseitigkeit der Beziehungen zwischen Hirn und Herz gibt mehr Rätsel auf als die Psychologie allein sich träumen läßt, als die Physiologie allein sich träumen läßt. Die Schwierigkeit dieser Beziehungen wird vielleicht deutlicher werden, wenn ich Fälle zur Vergleichung heranziehe, in denen nicht ein Organismus, sondern eine künstliche Maschine selbsttätig zweckmäßige Arbeit zu leisten scheint.

Das beste Beispiel bleibt immer der selbsttätige Regulator der Dampfmaschine. An einem beweglichen Gestänge sind schwere Kugeln angebracht, die sich je nach der Menge der zuströmenden Dampfkraft langsamer oder schneller drehen; man hat diese kleine Hilfsmaschine schon sehr früh dazu benützt, die Schnelligkeit des Schwungrades selbsttätig zu regeln, selbstverständlich nach der Absicht des Maschinenbauers, also doch nicht eigentlich selbsttätig, wie das Hirn den Blutdruck regelt, das Blut die Schnelligkeit der Hirnarbeit. Wird die Bewegung des Schwungrades und damit die aller Maschinenteile schneller als in der Absicht war, so entfernen sich die beiden Kugeln voneinander;

diese Bewegung wird mehr oder weniger einfach auf einen Hebel übertragen, der den Zustrom der Dampfkraft hemmt und alle Bewegungen verlangsamt. Das Umgekehrte geschieht, so oft das Schwungrad sich zu langsam drehte und die Kugeln dadurch einander zu nahe kamen.

Ein anderes Beispiel. Es gibt eine sehr witzige Schmiereinrichtung, die scheinbar selbsttätig, natürlich nach dem Plane des Ingenieurs, gerade so viel Öltropfen auf die rotierende Welle fallen läßt, wie nötig und zugleich sparsam ist, nicht mehr und nicht weniger. Bei dem gewöhnlichen Wärmegrade ist die Büchse mit dem Schmieröl durch ein metallenes Zäpfchen verschlossen. Wenn nun die Welle zu trocken wird, erhöht sich die Reibung und mittelbar auch die Wärme; die Büchse wird geöffnet, die voraus berechnete Menge des Öls fällt auf die Welle, Reibung und Wärme verringern sich und die Ölbüchse wird wieder geschlossen.

Die Verwechslung der Zweckmäßigkeit im Organismus mit den absichtsvollen Hilfsmaschinen der Ingenieure hat in recht früher Zeit schon zu der Aufstellung des teleologischen Beweises für das Dasein Gottes geführt.

* * *

Wert

Man sagt den Tigern nach — ich weiß nicht auf Grund welcher Beobachtungen —, daß sie Menschenfleisch lieber haben, also höher bewerten als Hammelfleisch. Treiben nun schon die Tiere praktische Wertlehre, auch Axiologie genannt, so ist es kein Wunder, daß die Menschen, sobald sie sprechen gelernt hatten, über den Wertunterschied der Güter redeten; sie erfanden sogar, wenn sie Theologen oder gleichwertige Philosophen waren, den Unbegriff eines höchsten Gutes, obgleich bereits ihr Aristoteles die richtige Ahnung gehabt hatte, daß ein subjektives Bedürfnis immer der Wertmaßstab sei, daß es demnach einen anderen als einen relativen Wert gar nicht geben könne. Was nicht verhindert hat, daß noch in unseren Tagen die Philosophie des Unbewußten von einem Werte des Weltwesens schwatzte, von einer absoluten Axiologie.

Wir wollen das neuerdings wieder sehr oft mißbrauchte Wort „*Wert*" nicht so freventlich im Munde führen; wir wollen es nicht anwenden, bevor wir den Versuch nicht wenigstens begonnen haben, es daraufhin zu untersuchen, ob es gemeiniglich der substantivischen Welt der Mystik, des Mythos oder

der adjektivischen Welt des Sensualismus und der Kunst, oder endlich der verbalen Welt der Naturwissenschaft angehöre; wie wir bei jedem Erdending gern zunächst danach fragen, ob es ein Stein, eine Pflanze oder ein Tier sei. Da sagt uns aber gleich die erste Überlegung, daß das Werten oder Vergleichen zwar natürlich eine Tätigkeit sei (Bousset: comparer, c'est agir), daß aber die verglichenen Qualitäten oder Quantitäten keine Dinge oder Substantive seien, sondern Eigenschaften, und zwar subjektive Eigenschaften; ob wir die Einheit des Wertmaßstabes von unserem Lustgefühle hernehmen oder von mittelbaren Bedürfnissen (des Nutzens, der Schönheit, der Sittlichkeit), immer legen wir dem Messen ein Gefühl zugrunde. Wir bilden uns dennoch ein, mit diesem Gefühle wie mit einer Elle messen zu können, zahlenmäßig, obgleich sich nur Quantitäten zahlenmäßig vergleichen lassen, Qualitäten nur selten und da wahrscheinlich immer nur bildlich. Wenn die Physik z. B. Lichteindrücke zahlenmäßig abschätzt, nach Kerzenhelligkeit etwa, so ist das nicht mathematisch genau zu verstehen; auch nicht das Abschätzen der Wärme nach den Graden des Thermometers, weil die Gleichheit der Wärmegrade nicht bewiesen werden kann.

Eine Zwischenbemerkung scheint mir nötig, um einem Widerspruch, wenigstens einem scheinbaren, nicht auszuweichen. Nur die quantitative Vergleichung, die zahlenmäßige, würde ein genaues Bewerten ermöglichen; aber nur die qualitative Vergleichung entspricht dem Wesen der adjektivischen Welt. Wenn ein Anstreicher beim Farbenhändler eine bestimmte Nüance bestellen will, um sich die Mühe des Mischens zu sparen, so kann er die Bestellung mit Hilfe einer Ziffer vornehmen, nach dem Kataloge des Farbenhändlers; es liegt aber auf der Hand, daß die Ziffer des Kataloges nicht einmal ein entferntes Bild der Farbe geben kann oder will, weil diese Ziffern nicht bloß eine Reihe darstellen, sondern zwei Dimensionen umfassen, Farbe und Helligkeit. Wenn aber nur die Qualitäten adjektivisch sind, dann ergibt sich für unsere Untersuchung die viel tiefere Vorfrage: was sind die Quantitäten oder Zahlen in der adjektivischen Welt?

Ich habe eine Antwort längst gewagt mit der Lehre, daß die Einheit überhaupt keine Zahl sei, sondern nur ein begrifflicher Maßstab, daß die Reihe der Zahlen erst mit der 2 beginne. Habe ich recht mit dieser Grundlage aller Zahlentheorie, so werden durch diesen begrifflichen Charakter der Einheit alle hübschen Sophismen der Mathematik, die sich aus dem Rechnen mit 1 ergeben, leicht erklärt, so wird es aber auch möglich, die wirklichen Zahlen als Werte aufzufassen (mit der von Fall zu

Fall bestimmenden Einheit als Maßstab), so daß die Mathematik zu dem Vorbilde der Axiologie würde, zu einer gewissermaßen objektiven Axiologie. Die Nebenfrage, ob die Zahlen selbst grammatikalisch richtige Adjektive seien, könnte eine philosophische Grammatik beantworten, wenn es eine solche gäbe. Die Sprachen der sogenannten Wilden, welche nur bis zu 3 zählen können, wären dann sehr arm. In Wahrheit entsprechen die Zahlen dem Schema eines Adjektivs; sie bezeichnen aber Eigenschaften, die uns von keinem Sinneseindruck eingegeben werden, Eigenschaften, die sich auf Einheiten beziehen, Eigenschaften von substantivischem, abstrakt mythologischem Charakter.

Einen deutlichen, weil nur einfach metaphorischen Sinn hat der Wertbegriff als zahlenmäßiger Tauschwert nur auf dem Gebiete der Nationalökonomie, im Handel also; eine ernsthafte Philosophie des Geldes gibt es aber nicht, man wollte denn das Gold, das um mancher schätzbaren Vorzüge willen zum Weltmaßstabe des Tauschhandels gewählt worden ist, für einen Gegenstand der Philosophie erklären. Es wäre vielleicht natürlicher gewesen, den Gebrauchswert oder den Nährwert eines Weizenzentners zum Weltmaßstabe zu machen. Das haben denkende Ökonomen längst eingesehen und Marx hat den Tauschwert jeder erzeugten Ware als „festgeronnene Arbeitszeit" zu begreifen gesucht. Wohlgemerkt: „Arbeitszeit". Die Zeit an sich konnte ja unmöglich als Elle des Wertes benützt werden, weil die Zeit so unendlich ist wie das Licht und sich nach der Elle höchstens messen läßt, aber nicht abschneiden. Marx meint auch gar nicht die Zeit, sondern das Quantum eines Menschenlebens, das dem Kapital zu Sklavenarbeit vermietet wird. Ein gewöhnlich (nicht immer) gemessenes Quantum Arbeitskraft wäre also der Maßstab des Wertes, nicht die abstrakte Zeit; eine Lebens- oder Willenserscheinung, nicht eine Anschauungsform des Geistes. Ein Handeln, nicht ein Ding aus der mythologischen Welt. Danach wäre der Maßstab des Tauschwerts und der ökonomische Wert selbst der verbalen Welt zugehörig, was ja wohl richtig gedacht sein wird, nur daß bei dieser objektiven Rechnerei die Hauptsache vergessen wird, die subjektive, die adjektivische Einstellung des Menschen: ob ihm der zu erlangende Gegenstand so viel wert ist, wie er ihn an Anstrengung oder Arbeitswillen kostet. Die Wissenschaft der Ökonomie, die den Wert an Gold oder an Arbeit mißt, glaubt immer an ein richtiges, ein absolutes Werten; der arme Mensch, dem irgend ein Gegenstand ein Quantum Lebensarbeit wert ist, urteilt immer adjektivisch, subjektiv, relativ. So steht es um den Wertbegriff, wo er noch einen verhältnismäßig einfachen Sinn hat.

Was soll man aber zu den Axiologikern sagen, die — in Metaphern höheren Grades — von absoluten ethischen und ästhetischen Werten reden und schreiben? Ich fürchte, hinter den Regeln der Ästhetik und der Ethik verbirgt sich der Sollbegriff, der weder der verbalen Welt des Wissens noch der adjektivischen Welt der Erfahrung angehört, sondern einzig und allein, obgleich er von dem Verbum „sollen" abgeleitet ist, der mythologischen Welt der Substantive, und zwar besonders der der theologischen Substantive, die mythologisch sind in höchster Potenz. (Man vergleiche dazu das Stück „sollen", Wörterb. d. Phil. II. S. 412 ff.) Der Nachweis eines solchen Zusammenhangs mit der Theologie würde für die Ästhetik einen zu großen Aufwand an neuen Einschaltungen nötig machen; ich bemerke dazu nur, daß auch in der naturalistischen und in der expressionistischen Theorie immer noch zuviel gesollt wird. Für die Ethik jedoch, die neuerdings wieder mit dem ganzen Brustton der Kanzel wortet und wertet, scheint mir eine einzige Überlegung genügend, um den theologischen Ursprung ihres Absoluten aufzuzeigen. Es ist ja nichts anderes als das „höchste Gut", das die Kirche aus dem Wortaberglauben des Altertums übernommen hatte. Und die deistische Aufklärung aus der Scholastik des Mittelalters, obgleich die Aufklärung da von einer natürlichen Religion und von einer natürlichen Moral schwatzte. So redet man ja auch von einer natürlichen Maßeinheit, wenn man seit Einführung des Metersystems einen ganz willkürlich gesetzten Bruchteil des nur annähernd berechneten Meridians als Maßstab alles Messens annimmt. Das Metallstück, das in Paris als Urmeter bewahrt und verehrt wird, ist gewiß ein sogenannter Körper; das aber, wonach allgemein gemessen wird, just der Gebrauchsmeter, gehört der substantivischen Welt an, der mythologischen. Und wer die Forderung aufstellte, Homeros oder Phidias hätten die Länge der Schenkel der schönen Helena in Metern ausdrücken sollen — bevor noch die Kugelgestalt der Erde und der Begriff eines Meridians und die Teilung des Meridians in den Gedanken war, — der wäre noch bei weitem nicht so töricht wie der axiologische Philosoph der Gegenwart, der den Tauschwert eines Weizenzentners oder einer Goldmünze bildlich anwenden wollte auf menschliche Handlungen oder gar auf das höchste Gut, bevor noch irgend etwas ausgemacht ist über den Zusammenhang zwischen Seele und Leib, über das Wechselspiel von sensiblen und motorischen Nerven, endlich über das Geheimnis der menschlichen Willensfreiheit, die doch nur eine optische Täuschung der Sprache ist.

* * *

Wissenschaft

Wir wissen oder glauben, daß es nur von der Einstellung oder Richtung unserer Aufmerksamkeit abhängt, ob wir die Bejahung eines sich uns aufdrängenden Urteils ein Wissen oder Glauben nennen wollen; die Bejahung oder Zustimmung fällt ja unter die Lebenserscheinungen, die wir unter dem Begriffe des Wollens zusammenfassen. Nun werden wir bald bestimmter als bisher erfahren, daß das Wissen nur eines der drei möglichen Bilder der Welt bietet, eines der drei allein möglichen (in unserer Gemeinsprache und bisher auch in der philosophischen Sprache) nicht gesonderten Sprachbilder der Welt. Der Gegensatz von Wissen und Glauben verblaßt als ein unbeträchtlicher Wortstreit vor der neuen und gewaltigen Aufgabe, endlich zu unterscheiden zwischen der substantivischen Welt der Mythologie und Mystik, der adjektivischen Welt der Sinnlichkeit und der Kunst, der verbalen Welt der Zeit und des Wissens.

Nur wer sich über diese Fragen beruhigt hätte, nur wer zu wissen glaubte oder zu glauben wüßte, was das menschliche Wissen eigentlich sei, nur der könnte es sich leicht machen mit der Definition des Begriffs Wissenschaft. So ungefähr: die durch eine Methode oder durch ein System oder gar nur durch ein Bedürfnis zustande gekommene Einheit gewußter und geglaubter Tatsachen und Zusammenhänge. Bei solchen Definitionen und bei allen oft versuchten und niemals endgültigen Klassifikationen der Wissenschaften ist bis zur Stunde stets übersehen worden, daß es einen gemeinsamen Begriff der Wissenschaft gar nicht gibt, daß von der Wissenschaft des einen Gebietes nicht gilt und nicht gelten kann, was von der Wissenschaft des anderen Gebietes etwa ausgesagt wird. Ich will diese skeptische Bemerkung deutlicher zu machen suchen an einem einzigen Beispiele, an der erst im 19. Jahrhundert in voller Schärfe aufgekommenen Unterscheidung zwischen Natur- und Geisteswissenschaften.

Beide wollen ein durch Begriffe vermitteltes Wissen sein; beide stehen dadurch im Gegensatz zu dem unmittelbaren Wissen, das wir — ein jeder für sich — von unserer eigenen Existenz besitzen. Nun hat man es zwar bisher nicht so benannt, es war aber doch so, daß das unmittelbare Wissen von der eigenen Existenz ein zweifaches Wissen war, ein äußeres, phänomenales, von unserer Körperlichkeit, ein inneres, nach Schopenhauer wesentliches, von unserer Geistigkeit; wir besäßen also ganz unmittelbar und vor allem begrifflichen Denken von uns selbst eine Naturwissenschaft und eine Geisteswissenschaft. (Ich brauche wohl nicht hervorzuheben, daß ich nur, um meinen Gedankengang nicht zu stören, „Geist" gesagt habe, wo Schopenhauer den „Willen" bemüht hat; ich hatte ein gewisses Recht dazu, weil der metaphysische Wille Schopenhauers zwar von Hause aus ohne Verstand ist, aber doch wohl mit zu den Geistern gehört.) Unmittelbares Wissen? Unvermittelt durch Begriffe mag der Vorgang wirklich sein, ob das Kind ein nacktes Bein, mit welchem es eine Weile gespielt hat, als einen Teil seines eigenen Körpers anerkennt, weil es ihn fühlen gelernt hat, oder ob dasselbe Kind, einige Jahre später seines Gewissens bewußt wird, an der Angst z. B., mit der es, weil es genascht hat, Prügel erwartet. Ganz unmittelbar ist ja dieses innere Wissen von uns selbst nicht, wie denn die Wahrnehmung der eigenen Augen erst im Spiegel möglich ist. Immerhin mag es weiter gelten, daß diese bescheidene Natur- und Geisteswissenschaft von sich selbst nicht durch Begriffe vermittelt werden muß, wie sie denn auch beide im vorsprachlichen Kindesalter ihren Anfang nehmen.

Was man nachher, nach sehr vielen Schul- und Hochschuljahren unter Natur- und Geisteswissenschaften versteht, das ist freilich durch Begriffe vermittelt, dazu durch reichliche Schlüsse und durch eine anspruchsvolle Tradition. Aber was der Gelehrte an Naturwissenschaft zu besitzen glaubt, das ist im Wesentlichen nicht mehr als die erobernde Geistestat des Säuglings, der sein Füßchen als einen Teil seines Ich empfinden lernt; und was ein anderer Gelehrter an Geisteswissenschaften zu besitzen glaubt, das ist im Wesentlichen nicht verschieden von dem Wortaberglauben des Kindes, welches die Prügel für die Bestrafung eines Unrechtes hält. Die Logik der Naturwissenschaften ist eine andere als die Logik der Geisteswissenschaften, was vielleicht schon Pascal ahnte.

Die Logik der Naturwissenschaften ist eine Subsumptionslogik; immer glaubt man ein Rätsel der Natur gelöst zu haben, wenn man eine neue Erscheinung unter eine alte, eine verwickelte Erscheinung unter eine einfache begreifen gelernt hat. Bescheidenere Forscher und Zeiten (auch die Sprache selbst) haben sich damit begnügt, den Hund z. B. nacheinander zu den Säugetieren, zu den Wirbeltieren, zu den Lebewesen zu rechnen; ihn in der substantivischen Welt zu klassifizieren. Spätere Naturwissenschaften (Chemie, Biologie) sind dazu fortgeschritten, verwickelte Erscheinungen der stofflichen Änderungen toter und lebendiger Körper unter einfachen Veränderungen zu begreifen, die Atmung z. B. unter der Verbrennung, also doch wohl: die Erscheinungen der verbalen Welt zu klassifizieren. In einer großen Gruppe der Geisteswissenschaften, denen der Geschichte nämlich, ist ein solches Klassifizieren nicht möglich, weder für die substantivische noch für die verbale Welt; denn die Tatsachen der Geschichte sind unvergleichlich, sind immer nur einmal da, sind wie Eigennamen, die sich nicht auf Begriffe bringen lassen; weshalb denn auch die Geschichte gar nicht den Namen einer Wissenschaft verdient, weil sie das voir pour prévoir (die positive Forderung Comtes) nicht bietet; das sogenannte historische Wissen ist immer nur die Verifizierung eines Einzelfalles, läßt sich niemals substantivisch klassifizieren oder verbal analysieren. Wählen wir aber als Beispiel der Geisteswissenschaften die Rechtswissenschaft oder die Moral, so scheint es mir sonnenklar zu sein, daß da — abgesehen von dem historischen Teile dieser Disziplinen — immer nur ein Besinnen auf menschlichen Wortgebrauch versucht wird, daß dieses Besinnen in keinem Falle auch nur zu dem klassifikatorischen Wissen der Naturwissenschaften führen kann. Was also die Geisteswissenschaften ihr Wissen nennen, das ist wesentlich anders als das Wissen der Naturwissenschaften; diese müssen sich erst bei den letzten Fragen ihres relativen Wissens dazu verstehen, zu entsagen, den Hominismus aller obersten Abstraktionen (Stoff, Kraft, Bewegung, Ursache usw.) zu begreifen, müssen erst zuletzt sich zum Agnostizismus bekennen; die Geisteswissenschaften müssen sich schon beim ersten Schritte sagen, daß die Gegenstände ihrer Forschung nicht Tatsachen sind, nicht einmal Erscheinungen der Wirklichkeit (im Sinne Kants), sondern ganz andere, subjektive, hoministische Erscheinungen, die nicht einmal ein relativ objektives Wissen gestatten.

Ich könnte noch weitergehen und zeigen, wie auch das sogenannte Naturwissen wesentlich verschieden ist, je nachdem die einzelne Disziplin etwa in einer substantivischen, mythologischen Abstraktion (z. B. das Atom der Chemie) vorläufig agnostisch endet oder in einer verbalen, vermeintlich erklärenden Abstraktion (z. B. die Kraftfelder der Elektrizität); aber diese Untersuchung würde so etwas wie eine neue Naturphilosophie zur Voraussetzung oder zum Ziele haben. Und nicht begonnen werden können, bevor nicht ausgemacht wäre, daß das mustergültige Wissen der beiden reinsten Wissenschaften, der Logik und der Mathematik, sich wieder von allen Wissensarten der Geistes- und Naturwissenschaften wesentlich unterscheidet, als ein wirklich unbedingtes oder absolutes Wissen; daß es aber ein unbedingtes Wissen nur darum ist, weil es aus Tautologien besteht, und wiederum von Grunde aus verschieden, in der Mathematik aus Tautologien der Anschauung, in der Logik aus Tautologien des Sprachgebrauchs. So daß das mathematische Wissen sich nicht in die Gemeinsprache übersetzen läßt, das logische Wissen nicht in wissenschaftliche Naturerkenntnis.

* * *

Vor keinem Gebiete der Naturerkenntnis oder der Naturdeutung steht der lernbegierige Mensch mit mehr Ehrfurcht, der Wissenschaftler mit mehr Selbstgerechtigkeit oder Eitelkeit als vor dem Wunder der *Astronomie,* vielmehr (da die Rätsel der Sternenwelt noch durchaus nicht gelöst sind) vor der Tatsache, daß es in der Zeit von Kopernikus bis Newton gelungen ist, die Bewegungen unseres Planetensystems in einem fast widerspruchslosen rechnerischen Bilde zusammenzufassen und zu verstehen. Was man so verstehen nennt. In Menschensprache. Nur daß wir mit der Sprache an die Wirklichkeit nicht herankönnen, sie nicht begreifen können, so wenig ein Gaul oder ein Esel einen Gegenstand greifen kann. Der Mensch oder der Affe freilich kann greifen, mit den fünf beweglichen Fingern seiner Hand; und so (meint man) kann der Mensch oder der Affe auch die Wirklichkeit begreifen, den Apfel und die Sterne, mit den fünf Sinnen, die ihm Eindrücke von der Wirklichkeit vermitteln. Nebenbei: wir wollen uns vor Zahlenmystik hüten; an den Gliedmaßen, die der Hand oder dem Fuße entsprechen, sitzen manchmal mehr und manchmal weniger Finger, die Zahl der Sinnesorgane könnte man willkürlich auf sechs oder sieben bringen, abgesehen davon, daß unsere Sinne sich durch Zufall entwickelt haben, daß wir für viele, vielleicht für die wichtigsten Erscheinungen (Elektrizität) einen Sinn gar nicht besitzen.

Was erfahren wir nun durch unsere Sinne von einem Planeten, der für das unbewaffnete Auge als ein Stern erscheint wie andere Sterne auch? Daß er ein leuchtender Punkt ist. Bei Nacht wahrnehmbar nicht viel anders als das Leuchten eines Glühwürmchens oder das Glimmen einer brennenden Zigarre. Nichts, aber auch gar nichts dürfen wir aussagen über das Wesen des wahrgenommenen Sterns, solange wir uns mit dem bloßen Sinneseindruck begnügen. Eine entfernte Laterne kann uns einen Stern vortäuschen, der Funkenregen eines Feuerwerks einen noch viel lustigeren Tanz der Sterne. Aber eine angeborene oder ererbte Neigung des Menschen hat ihn unablässig angetrieben, den Gesichtseindruck solange zu untersuchen, bis die angeblich befriedigende Worterklärung gefunden war: das Licht ist eine Bewegung.

* * *

Erscheinen — verschwinden

Das uralte Symbol der auf- und untergehenden Sonne brachte mich zuerst auf die Frage, ob die sprachliche Möglichkeit bestehe, das Gleiten eines Erlebnisses aus der substantivischen Welt z. B. in die adjektivische oder in die verbale durch Worte auszudrücken. Die Möglichkeit bloß? Es gab ja nichts Alltäglicheres. Buchstäblich alle Tage ging ja die Sonne auf und unter und wir verstanden alle, was damit gemeint wäre. Für die verbale Welt des Geschehens machte es keinen Unterschied, ob die Sonne sichtbar war oder nicht; auch bei Nacht hielt sie die Erde und die anderen Planeten an den Seilen der Gravitation (oder was sonst dahinter steckte) unwiderstehlich fest. Wenn sie aber aufging, da leuchtete zuerst die adjektivische Welt der Morgenröte auf und bald stand — blendend, also wieder unsichtbar — die runde Sonne der substantivischen Welt am Himmel. Ein anderer Korrelat-Begriff erwies sich bald als brauchbarer; Auf- und Untergang galt nur für die Sonne, ein Erbe aus der Zeit, da man noch an die Bewegung der Sonne um die Erde glaubte. Der weitere Begriff „erscheinen — verschwinden" gab zu allgemeineren Betrachtungen Gelegenheit.

Welcher der drei Welten gehörte das Erscheinen und das Verschwinden an? Offenbar allen dreien zugleich. Der Regenbogen erscheint und verschwindet zu den ihm gesetzten Bedingungen, ohne daß es jemals einen handgreiflichen Regenbogen in der substantivischen Welt gäbe, begleitet von den normalen Selbsttäuschungen des Gesichts, bewirkt durch optische „Gesetze", die wir uns in Zahlen zu fassen gewöhnt haben. Die Jahreszeiten erscheinen und verschwinden in ihrem regelmäßigen Wechsel, ohne substantivische Unterlage, begleitet von den normalen Sinnestäuschungen des Wärmegefühls, bewirkt durch die Konstellationen des Planetensystems, die wir mit astronomisch großen Zahlen ausmessen. Können wir mit Sicherheit sagen, daß es sich anders verhalte um den Gegensatz zwischen Wachen und Schlafen? Und ob im Wachen oder im Schlafen (Träumen) die normale Selbsttäuschung über uns herrsche? Was ist das überhaupt: „Erscheinen?" Und was: „Verschwinden?"

Schon wortgeschichtlich lassen beide Wörter den Gedanken zu, daß sie eine Täuschung bezeichnen wollen. „Erscheinen" (von „scheinen", das ursprünglich etwas wie einen Glanz oder auch ein weniger lebhaftes Licht anzeigte, dann aber immer häufiger einen falschen Eindruck, ein Trugbild für ein Unbekanntes) bedeutet gern so viel wie „sich zeigen", sich selbst für etwas ausgeben, was nicht wirklich ist; auch Gespenster „erscheinen"; und da ist es doch merkwürdig, daß dem (mundartlich) süddeutschen „sich verzeigen" genau im älteren Französisch ein „s'apparêtre" der Gespenster entspricht. Und den gleichen Charakter des Trugs besitzt auch der Korrelat-Begriff „verschwinden", ja sogar schon das einfache „schwinden", das (ebenso wie früher „schweimen"), nicht so sehr das völlige Aufhören, sondern gewöhnlich das wirkliche oder scheinbare Nachlassen an Kraft bedeutete. („Schwindsucht"). „Verschwinden" (wie bis fast in die Gegenwart hinein „schwinden") wird leicht gebraucht, wo es sich nicht um Wegfall des Wesens, sondern nur um Ausfall der sinnlichen Erscheinung handelt; ja sogar die bloß räumliche Entfernung aus dem Gesichtskreise des Sprechers wird durch „verschwinden" ausgedrückt. Die Sonne verschwindet auch hinter einer Wolke. Und ist ja wirklich dasselbe, wie wenn die Sonne unter dem Horizont verschwände. Dazu sei noch bemerkt, daß dem Sprachgebrauche auch (in der Verbindung mit „in") die Bedeutung von „übergehen, sich wandeln" für „schwinden" nicht fremd war.

„Schwand die Röte des Zorns in Blässe" (Voss). Übrigens: wie neuartig diese Psychologie der Sprache ist, die hinter „erscheinen" und „verschwinden" einen Trug der Sinne spuken fühlt, mag man daraus ersehen, daß Kant einmal (II 320) scholastisch oder wortrealistisch genug ist, zu sagen, „gleichwie man sich nun alle Kräfte und Vermögen der Seele, selbst das des Bewußtseins als auf die Hälfte geschwunden denken kann, so doch, daß immer noch Substanz übrig bliebe." (Sehr häufig war nämlich und ist noch mundartlich der Sprachgebrauch „es schwindet Einem" im Sinne von „er wird ohnmächtig".) Erst durch Kant, der da Baumgartens Lehnübersetzung von Phänomenon unvorsichtig übernommen hatte, war „Erscheinung" zu einem Leitworte der Erkenntniskritik geworden; noch wenige Jahre vorher (z. B. bei Walch) dachte man bei „Erscheinungen" zunächst an Geistererscheinungen; erst Kant, in seiner Bemühung, die skeptischen Wege von Locke, Hume und auch von Berkeley zu vermeiden und den als subjektiv erkannten sekundären und primären Eigenschaften der Dinge ein (wenn ich so sagen darf) objektives Objekt gegenüber zu stellen, sein Ding-an-sich, benützte den Ausdruck „Erscheinung", wohl bewußt, daß etwas von Schein darin steckte. Dafür, daß die Benützung des philosophischen Terminus „Erscheinung" erst auf Kant zurückgeht, scheint mir eine Hindeutung im Deutschen Wörterbuch, wo Jakob Grimm seinen allzu kurzen Artikel „Erscheinung" fast erschreckt, mit der Klage beginnt: „ein heute vielgebrauchtes Wort."

Hume

Ich darf nicht müde werden zu wiederholen, daß für alle Aufgaben der Sprachkritik ein Zurückgehen auf Hume von größerer Bedeutung ist als das Löbliche, seit Liebmann vielfach geforderte Zurückgehen auf Kant. Hume ist in seiner Weiterführung der Sprachkritik zu einer noch tieferen Fragestellung gelangt als Kant und hat durch seinen reinen Skeptizismus alle Metaphysik entscheidender besiegt als Kant; es ist mitunter, als habe er an der Vernunftkritik, die mehr als ein Menschenalter später erschien, schon Kritik üben wollen. Insbesondere hat Hume durch seine Untersuchung des Ursachbegriffs die stärkste geistige Tat begonnen, die jemals in einem menschlichen Gehirn als Aufgabe einer Erkenntniskritik aufgetaucht war. Und ich glaube nicht zu irren, wenn ich behaupte, daß Hume mit seiner streng durchgeführten Unterscheidung zwischen conjunction und connexion bereits dasselbe im Sinne hatte wie ich — hundert Jahre nach ihm — mit der Unterscheidung zwischen einer adjektivischen, sensualistischen und einer verbalen, wissenschaftlichen Welt.

Aber auch die Mythologie der substantivischen Welt kann ich bereits aus Hume herauslesen an den Stellen des Treatise, an denen er die Substanz für eine Erdichtung unserer Einbildungstätigkeit erklärt. Auch er geht bei dieser Analyse schon darauf aus, die Vorstellungen von Gott und von der Seele (oder dem Ich) den subjektiven oder hoministischen Erzeugnissen der Phantasie zuzuweisen, so daß man sagen könnte: für Hume sind just die substantivischen Begriffe transcendent oder metaphysisch. Ich halte mich bei dieser Berufung auf Hume durchaus an die erste Fassung seiner Philosophie, an den Treatise, dessen Bedeutung als Hauptwerk J. E. Erdmann zuerst erkannt hat; die Übersetzung von L. H. Jakob (1790) ist immer noch lesenswert, die neue deutsche Ausgabe von Lipps entspricht besser unseren philologischen Ansprüchen, ist aber doch zu nachkantisch.

Die erste Fassung von Humes Philosophie, seinem „totgeborenen Kinde", unterscheidet sich von der zweiten, in England und in Deutschland allein nachwirksamen, wesentlich dadurch, daß Hume später seine Kritik des Ursachbegriffs ohne Zusammenhang mit seiner Kritik des Substanzbegriffs vortrug und so — scheinbar — seinen Zeitgenossen verständlicher wurde; auch Kants Rückständigkeit gegenüber der Humeschen Erkenntniskritik wird dadurch entschuldigt, daß Kant den Treatise wahrscheinlich gar nicht kannte. Und so nicht wissen konnte, mit welcher Geisteskraft Hume über den psychologistischen Empirismus Lockes hinausgelangt war. Zwischen Locke und Hume hatte der durchaus konsequente und nur darum paradoxe Berkeley gestanden, dessen Lehre von den Deutschen immer mißverstanden worden ist, da man sie Idealismus nannte; in Wahrheit ist der Idealismus (Hegel) immer wortrealistisch, während Berkeley mit seinem Phänomenalismus — oder wie man seinen eigensinnigen Psychologismus nennen mag — unbedingt nominalistisch war und in allen Allgemeinvorstellungen nur Erzeugnisse der menschlichen Gehirntätigkeit erblickte. Wie Hume selbst.

Daß der Ursachbegriff und somit das verbale Bild der Welt ein bloßes Erzeugnis der Phantasie sei, unwirklich, hoministisch, das hätte am Ende auch Berkeley zugeben können und müssen; was aber Hume in seiner abgründigen ersten Untersuchung hinzufügte, mehr groß und frei als eindringlich, wie im Schrecken eines Blitzlichts, daß nämlich auch der Substanzbegriff aus der Phantasie stamme, unwirklich sei, hoministisch, über die allein gegebenen Sinneswahrnehmungen hinaus, und zwar sowohl der Substanzbegriff der Naturwissenschaften als der der Geisteswissenschaften,

— diese stärkste Tat der reinen Skepsis hätte Berkeley in seiner Bescheidenheit, die nicht Frömmigkeit war, die nur demütige Bescheidung war im Gegensatze zu der titanischen Bescheidung Humes, niemals gewagt. Und der ungemeine Kant, der alles verstand und verarbeitete, was er irgend kennen gelernt hatte, ahnte diese Tat Humes offenbar nicht, weil er sonst seinen ersten Fehler, einen Kausalzusammenhang anzunehmen zwischen den Erscheinungen und den Dingen-an-sich, nicht hätte auf den ontologischen Grundirrtum begründen können, überhaupt von Dingen-an-sich zu reden. Es gibt nur Dinge-für-uns, für den Menschen. In aller Philosophie, hinter jedem Satze ist stillschweigend ein „für den Menschen" mitzuverstehen, wie schon der unzünftige Lessing blitzartig erkannt hat, in jenem unschätzbaren Spinoza-Gespräche mit Jakobi.

Man übersetzt aber falsch, man steht nicht auf der eisigen Höhe von Humes Skepsis, wenn man die Körper außen und die Ichs innen, die Substrate unserer Wahrnehmungen und Empfindungen, ferner die Kräfte der Körper und die Vermögen der Ichs, für Illusionen erklärt, anstatt sich mit der fließenden Bezeichnung Fiktionen zu begnügen. Das wird wohl Humes wahre Meinung gewesen sein, da er die Überzeugung von dem Dasein zugleich einer substantivischen und einer verbalen Welt eine moralische, also eine relativ berechtigte Gewißheit nennt, einen Glauben (belief), der ja auch den Tieren nicht fehlt. Substanzbegriff und Ursachbegriff sind ihm untrennbare Fiktionen des tierischmenschlichen Verstandes. Der Mensch unterscheidet sich vom Tiere nur durch den einen Schritt, daß der Mensch sich bewußte soziale Verhältnisse geschaffen hat, eine Gesellschaft, deren Ende — nicht der Anfang — der Vertrag einer Verfassung wurde. Es ist kein Zufall, daß ein Freund und Schüler Humes, Adam Smith, als erster auf skeptischer Grundlage eine Sozialwissenschaft begonnen hat.

* * *

Mathematische Formeln

Ich nehme das Wort „*Bild*" offenbar im Sinne von Metapher: meine drei Bilder sind drei Gesichtspunkte, Aspekte, ein Gleichnis der Welt herzustellen. Nun hat die neuere Naturwissenschaft, die sich für die einzig mögliche Welterkenntnis hält oder ausgibt, längst ein ganz anderes Bild der Welt zu schaffen gesucht, das einzig „ähnliche" Bild, das mathematische Weltbild. Schon Kant hat diese Forderung gestellt.

Und Kirchhoffs berühmte Warnung, man solle die Welt nicht erklären wollen, sondern nur auf die einfachste Weise beschreiben, scheint erst recht auf eine mathematische Formulierung hinauszulaufen. Ich muß mich also mit dem Bilde auseinandersetzen, das in den Formeln der mathematischen Physik aufgebahrt liegt, wirklich wie eine Leiche.

Mit meinen drei Bildern hat die mathematische Formel nichts zu schaffen. Es ist — mir wenigstens — ganz klar, daß Rechnungszahlen und geometrische Figuren zwar nach Willkür der substantivischen oder adjektivischen Sprachgewohnheit angepaßt werden können, aber daß sie von Hause aus weder Dinge noch Eigenschaften sind. Nicht so einfach liegt die Sache bei der Frage, ob Zahlen und Figuren der verbalen Welt angehören können oder nicht. Wir geben uns da leicht einer Täuschung hin. Durch die Verführung des gleichen Wortes unterscheiden wir nicht genau zwischen den sogenannten Naturgesetzen und den bloß mathematischen Gesetzen. Unbedingte Notwendigkeit ist beiden wesentlich, den mathematischen womöglich noch apriorischer als den natürlichen Gesetzen. Aber das Verhältnis in der Gravitation z. B. stellen wir uns unabweislich als eines von Ursache und Wirkung vor, nennen das Verhältnis eben darum verbal: die Schwere macht, verursacht die Anziehung, hat sie zur Folge. Bei den mathematischen Gesetzen — z. B. bei dem unergründlichen pythagoräischen Lehrsatz — kann von Ursache und Wirkung und darum von einem verbalen Verhalten keine Rede sein. Alles ist gegenseitig. Man glaube nicht, daß das anders wird, wenn man — mit Hume — den Ursachbegriff beseitigt und so scheinbar die Naturgesetze zu mathematischen Formeln macht; auch nachher bleibt der zeitliche Verlauf der Ereignisse bei der Gravitation zwangsläufig, bei dem pythagoräischen Lehrsatz zeitlos, umkehrbar. Die mathematischen Formeln gehören eben nicht zu den drei sprachlichen, also metaphorischen Bildern der Welt. Gerade darum halten ihre Gebraucher sie für die richtigen, für die adäquaten Bilder. Sie glauben sie in die Gemeinsprache übersetzen, sie lesen zu können, wie ein geübter Notenleser Melodien und Akkorde zu lesen glaubt, weil die Einübung ihm den Weg von der Notenschrift zum Hören der Töne abgekürzt hat. Sie vergessen ganz, daß das „Lesen" oder Denken der Formeln diese aus der vermeintlich unmittelbaren Naturnähe wieder in die Sprache „hinunter" bringen, daß also die Formeln, in die Wortsprache übersetzt, nicht mehr mathematisch sind.

Was heißt das aber: die Formeln deuten? Das Buch von Felix Auerbach gibt einen schnellen Überblick über die Möglichkeiten, physikalische Beziehungen genau durch Ziffern und Figuren auszudrücken.

* * *

Einstein, über dessen Stärke und Bedeutung als der eines Mathematikers mir gar kein Urteil zusteht, scheint mir zu den unplastischen Mathematikern zu gehören, im Gegensatze etwa zu Newton, dem plastisch schauenden Mathematiker. Der Vorwurf ist schon gemacht worden, auch von Jüngern Einsteins, daß seine Theorien unvorstellbar seien. Sie mußten meines Erachtens unvorstellbar sein, weil seine Rechnungen sich in Begriffen bewegen, die den realen Boden verlassen mußten. Der mathematische Riese hatte die Berührung mit der Erde verloren. Aber Ernst Marcus hat in einem ebenso kleinen wie tiefen Aufsatze (Frankfurter Zeitung, Literaturblatt, 2. Januar 1921) unwiderleglich gezeigt, daß nicht der auch von Einsteins Anhängern zugegebene Mangel an Anschaulichkeit der entscheidende Einwurf gegen die Relativitätstheorie ist.

Ich glaube nicht, daß die Hauptabsicht von Ernst Marcus, Kant gegen einige Relativisten in Schutz zu nehmen, von so großer Bedeutung ist, ich glaube nicht, daß es unverantwortlich ist, an der Religionsphilosophie Kants zu rütteln; ich glaube nicht einmal, daß Marcus in der Terminologie glücklich war, in welcher er seinen Widerspruch gegen die Überschätzung Einsteins und der mathematischen Weltanschauung überhaupt vorträgt. Was er aber über die angebliche Überwindung der klassischen Mechanik sagt, scheint mir bleibenden Wert zu besitzen.

Nicht die Wahrheit der „klassischen" Mechanik, insbesondere nicht die Wahrheit der Newtonschen Mechanik des Himmels steht in Frage, nur die Genauigkeit ihrer mathematischen Formulierung oder die Annäherung an die letzte Genauigkeit. Uns gilt das kopernikanische System für wahr, trotz der ganz ungenauen kreisförmigen Planetenbewegungen; uns gilt das Ptolemäische System für falsch, obgleich der richtige Kalender sich danach berechnen ließ, wenn auch umständlich und unelegant; an Eleganz übertrifft Einsteins Methode alle bisherigen Formeln, aber sie setzt die Mechanik Newtons voraus, wie die Gleichsetzung von Gravitation und Trägheit schon Newtons Gravitationsgesetz voraussetzt, wie — was Marcus hervorhebt — jede nicht-euklidische Geometrie die elementare Geometrie, die sogenannte euklidische, voraussetzt, wie der gekrümmte Raum den wohlbekannten, d. h. unbekannten Raum der naiven Vorstellung voraussetzt, wie endlich jede noch so kunstreiche mathematische Abstraktion auf gemeine hominisтische Vorstellungen zurückgeht, die man trotz Locke meinetwegen angeborene Ideen oder mit Kant apriorische Anschauungen von Zeit, Raum und Kausalität nennen mag.

Marcus unterscheidet (in der Sprache Kants) zwischen dynamischen und schematischen Begriffen oder Vorstellungen; so ist z. B. das Gravitationsgesetz, das die Anziehung der Körper zur Ursache ihrer Bewegungen macht, dynamisch, während eine Darstellung, die sich nur um die Zeitfolge der Bewegungen kümmert (ohne aber mit Hume den Ursachbegriff durch den Zeitbegriff zu ersetzen), schematisch ist. Und Marcus weiß, daß die ganze moderne Physik schematisch geworden ist, daß die

Relativitätstheorie den augenblicklichen Gipfel dieses Strebens nach Schematisierung bezeichnet. Was gewinnen wir nun, wenn wir — immer allgemeiner, immer abstrakter, immer eleganter — die unvorstellbar großen und die unvorstellbar kleinen Bewegungen der Physik des Himmels und der Atome in der Sprache der Mathematik ausgedrückt haben?

* * *

Gedächtnis

Das letzte Rätsel des Denkens oder des Sprechens ist das Gedächtnis. Wir lösen das Rätsel nicht, aber wir stellen die Rätselfrage doch bestimmter, als es bisher geschehen ist, wenn wir uns darauf besinnen, daß das Gedächtnis der verbalen Welt angehört. Wie die „Seele". Der substantivischen Welt gehört das Gedächtnis ganz gewiß nicht an; es gibt keinen Stoff, aber auch keine Kraft, es gibt kein Bleibendes, das etwa das Amt hätte, sich zu erinnern. Das Gedächtnis ist kein nomen agentis. Auch der adjektivischen Welt gehört das Gedächtnis nicht an, man wollte es denn eine Eigenschaft der psychischen Geschehnisse nennen, daß sie dauern, d. h. daß sie sich erhalten. Wie sich jeder Stoff und jede Kraft erhält. Wir sagen nur tautologisch von diesen dauernden Eindrücken, Wahrnehmungen, Wortfransen, daß sie sich erneuern; aber wir sind es nicht, die uns ihrer erinnern: sie selbst (die Eindrücke usw.) erinnern uns. Das Gedächtnis, das physiologische wie das psychologische — die Sonderung ist nicht natürlich, ist nur hoministisch —, ist eine Tätigkeit, ist ein Tun, ist eine Bewegung, ist immer auch mit Bewegungen verbunden, im Falle sogar des lautlosen Sprechens, des Denkens, mit nachweisbaren Bewegungen der Sprachorgane.

* * *

Typen der Erinnerung

Man hat den Unterschied in der unabsichtlichen Benützung von Gedächtnistiefen (den visuellen und den auditorischen Typus, wofür man auch griechische Kunstwörter setzen kann) meines Wissens zuerst in Fällen geistiger Erkrankung (Charcot) beobachtet oder konstruiert und dann die Lehre auf die Normal-Psychologie übertragen. Nicht mit Unrecht, weil da wieder einmal die Grenze zwischen Krankheit und Gesundheit nur schwer zu bestimmen ist. Wer bei dem Wortschalle „Rom" zunächst und sofort an eine besonders gelungene Schüssel Ravioli erinnert wird, mag dem Dichter als ein krankhaft sinnlicher Materialist erscheinen; wen der gleiche Stadtname zunächst an den Geruch eines dort benützten Freudenmädchens erinnert, wird demselben Dichter beinahe schon wie eine verwandte Seele vorkommen; es liegt gar kein Grund vor, die Assoziation zwischen einem geographischen Begriffe und einem starken Eindrucke des Geschmackes oder des Geruches zu leugnen. Und ich wäre der letzte, die Anknüpfung der Gedächtnisarbeit an die Bahnen bestimmter Sinnesnerven zu bekämpfen; wir haben gar kein besonderes Gedächtnis-Organ, wir haben nur Bahnen der Erinnerungs-Arbeit. Etwas anderes ist die Frage, ob es fruchtbar ist, oder je werden wird, die Normalmenschen danach in verschiedene Typen einzuteilen, ob sie sich an visuelle oder auditorische Eindrücke als an ihre sichersten Hilfen gewöhnt haben. Sehr gut hat Müller-Freienfels („Persönlichkeit und Weltanschauung" S. 191 ff.) den dritten Typus, den der motorischen Menschen, aus der Zusammenkoppelung mit den Visuellen und den Auditorischen befreit und ihn psychologisch den anderen Gruppen über- oder untergeordnet.

Mir sollen diese Typen nur dienen, um den Gedanken anzuknüpfen, daß meine drei Bilder der Welt doch noch besser geeignet sind, die Menschen nach ihrer Weltanschauung, oder vielmehr nach dem unbewußten Urgrunde dieser Weltanschauung zu ordnen; soweit das überhaupt nützlich oder gar möglich ist. Ich habe nämlich die Erfahrung gemacht, daß die Menschen sich von einander (und der Einzelne kann diesen Unterschied in ungleichen Lebensabschnitten oder Stimmungen an sich selbst wahrnehmen) zutiefst darin unterscheiden, daß die einen eine substantivische, die anderen eine adjektivische, die dritten eine verbale Weltanschauung besitzen, und daß nur wenige Auserwählte, und die nur in glücklichen Stunden, zu einer Überwindung der Trennung, zu einem einheitlichen Weltbilde gelangen. Was ich nicht zu beweisen oder zu erklären, aber zu beschreiben versuchen will.

* * *

Mesmer: blind

In der Rechtswissenschaft ist die Frage, ob z. B. an der Kraft der Elektrizität ein Diebstahl möglich sei wie an anderen Sachen, ganz aktuell, wenn auch bessere Juristen sich bei dem Streite bewußt sein durften, daß es sich um eine Fiktion handle: um den Versuch, die unrechtmäßige Benützung der Kraft unter der alten Definition des Diebstahls unterzubringen. Über den Diebstahl an Leuchtgas braucht man jetzt nicht mehr so zu streiten; in den Jahrzehnten der Aufstellung des Gasbegriffs und der Entdeckung der einzelnen Gasarten hätte ein richtiger Jurist aber ebenso in Zweifel sein können, ob an einer Luftart, dem Kohlenoxyd, ein Diebstahl möglich sei.

In der Arzneiwissenschaft stritt man noch vor wenig über hundert Jahren sehr lebhaft darüber, ob der von Maxwell und Mesmer angenommene tierische Magnetismus ein Ding oder eine Kraft sei; zuerst in Paris, wo die Akademie und die Fakultät der Neuerung feindlich waren (um 1780), dann in Berlin, wo Hufeland für Mesmer eintrat (um 1810).

Man war gar nicht so dumm; man unterschied ganz gut zwischen Suggestion und objektiver Wirkung des „Baquets" auf den Kranken. Mesmer selbst scheint, da er bald auf Benützung des metallischen Magneten verzichtete, und sich auf den „Magnetismus" in seinen Händen verließ, den Heilfaktor aus der substantivischen in die verbale Welt verlegt zu haben. Ein französischer Schüler Mesmers, Charles d'Eslon, der Leibarzt des Grafen von Artois, scheint sogar schon den sprachkritischen Gedanken gefaßt zu haben, daß nur die Ärzte den Heilbestrebungen der Natur verschiedene Namen, d. h. Krankheiten gegeben haben.

Doch der Kampf Mesmers um seine angeblichen Beobachtungen (die keinesfalls Schwindeleien waren) erinnert mich daran, daß zur Zeit seines ersten Auftretens (in Wien) ein Fall von geradezu groteskem Wortaberglauben vorfiel, wenn wir da gut berichtet sind. Mesmer hatte die Heilung der (durch eine Lähmung des Sehnervs) erblindeten Klavierspielerin Paradis erzielt; der Fall machte um so mehr Aufsehen, als die junge, offenbar übernervöse Musikerin von der Kaiserin Maria Theresia begönnert wurde. Als Mesmer seinen Erfolg öffentlich mitteilte, soll ein Professor der Anatomie, der große Einnahmen durch Augenoperationen hatte, eifersüchtig geworden sein und ungefähr das Entsetzliche ausgesprochen haben: die Paradis sei immer noch blind, weil sie zwar die Farben sehen und unterscheiden, aber nicht immer bei ihrem richtigen Namen benennen könne. Man überlege genau. Ebenso wäre ein deutsches Kind auf französisch blind, wenn es die französischen Farbennamen nicht wüßte.

* * *

Ding-an-sich

Der größte Fehler Kants, den bald nacheinander und bald nach dem Bekanntwerden der Vernunftkritik Salomon Maimon, der talmudische Rechthaber, und Gottlob Ernst Schulze, der folgerichtige Skeptiker, gerügt haben, war der logische Widerspruch: Kausalität sollte nur eine Form des Verstandes sein, wie Raum und Zeit, also nur in der Welt der Erscheinungen Geltung haben, aber diese Erscheinungswelt sollte dennoch eine regelmäßige Wirkung sein der Dinge-an-sich, die der Mensch weder a priori noch a posteriori erkennen kann. Die Dinge-an-sich (es gibt kein allgemeines, einziges Ding-an-sich, es wäre denn etwa „Gott") sind die Dinge außerhalb der menschlichen Betrachtungsweise. Maimon und Schulze haben den logischen Widerspruch erkannt. Unser Schema von den drei Welten führt uns geradenwegs in die Unhaltbarkeit des Kantschen Begriffes ein. Seine Unfaßbarkeit hatte übrigens Kant selbst in den hellsten Stunden zugegeben, da ihm sein Ding-an-sich ein bloß intelligibler Gegenstand war, ein x, das also gar nicht bestimmt werden konnte. Wir aber fügen hinzu, daß das Urding, das Ding vor seiner Bearbeitung durch den menschlichen Verstand, gar nicht vorstellbar sein kann, weil es weder der substantivischen, noch der adjektivischen, noch der verbalen Welt angehören kann, weil es weder mystisch, noch sensualistisch, noch kausal begriffen werden kann. Aus unzähligen Beispielen greife ich den eines Wasserfalles heraus, weil ich da bequem eine Erscheinung dieser Erscheinung analysieren kann.

Was ist das Ding-an-sich der Erscheinung „Wasserfall"? Die Erscheinung als eine der substantivischen Welt ist eine Besonderheit der Landschaft; das Wesentliche besteht darin, daß eine beträchtliche Wassermasse hinunterstürzt, ob lärmend und schäumend zwischen Felsen oder stiller über das Bett des Flusses hinaus durch den leeren Raum. Der Wasserfall als Erscheinung kann der substantivischen Welt zugerechnet werden, insofern er als Gleichnis des Lebens, der Kraft, des Charakters usw. benützt wird, uns bis zu Tränen erschüttern, durch sein Lärmen erregen, durch seine Wirbel töten kann, was denn freilich wieder zu den anderen Bildern der Welt gehören würde. Wäre das Ding-an-sich des Wasserfalls nun (nach Kant) die Ursache des Wasserfalls, so wäre zu sagen, daß der Wasserfall durchaus keine andere Ursache habe als das gewöhnliche Abwärtsfließen des Wassers in seinem Bette; jeder seiner Wassertropfen „fällt" unaufhörlich, nüchtern gesprochen. Die „Ursache" des Wasserfalles wäre demnach nur ein Zufall, ein Niveauunterschied, der mit der Erscheinung in keiner Weise irgend eine Ähnlichkeit besitzt.

Dasselbe gilt von dem Wasserfall als einer Erscheinung der adjektivischen Welt, wo er weiß ist und laut und schön etwa. Das Ding-an-sich dieser Erscheinung kann wieder keine Spur von Ähnlichkeit haben mit dem, was wir am Wasserfall mit unseren Sinnen wahrnehmen.

Der Wasserfall als Erscheinung der verbalen Welt läßt sich (abgesehen von seiner Wirkung auf unsere Sinne) als Energie betrachten, wie er denn auch seit einigen Jahrzehnten ganz unästhetisch und ganz unmystisch in elektrische Energie verwandelt wird. Das Ding-an-sich dieser Energie-Quelle ist ganz sicher die sogenannte Höhen-Energie, der Lagenunterschied zwischen dem höchsten und dem niedrigsten Punkte des Wasserfalls, ein rein mathematisches Verhältnis also. (Allerdings unter der Bedingung eines flüssigen Stoffes, der der Lage nachgibt.) Lagenunterschied und elektrische Energie haben wieder keine Ähnlichkeit miteinander, so daß wieder von einer Erkenntnis der Ursache aus der Wirkung nicht die Rede sein kann.

* * *

Fungibel

Das Scheinwesen der substantivischen Welt verrät sich dem sprachkritischen Blicke an einer Gruppe von Begriffen, wo man es am wenigsten erwarten sollte: auf dem Gebiete des Handels, bei den sogenannten fungibeln Sachen. Was da seinen, wenn auch gleitenden Marktwert hat, das ist nur scheinbar die Sache: Weizen, Kohle, Gold usw.; der Wert wird nach der Qualität gemessen, nach der Eigenschaft. Nur Kinder sind noch so unerfahren zu glauben, daß das Substantiv Weizen, Kohle, Gold bezahlt werde; der Käufer fragt immer nach Qualitäten. Nur der Weizen von der und der Qualität (mag sie nun nach dem Ursprungsort, nach dem Jahrgang, nach dem Kaloriengehalt so oder so, adjektivisch oder verbal, bezeichnet werden), nur die Kohle von der und der Qualität wird verstanden, wird gekauft und bezahlt. Eine falsche Angabe über die Qualität heißt Betrug. Der substantivische Name ist gleichgültig. Gold ist Gold bis zu einem Grade fremder Beimischung, die seinen Wert auf die Hälfte herabsetzt; ebenso bleibt Kohle Kohle, solange noch die Gemeinsprache nach der äußeren Erscheinung das Wort beibehält. Bei erleseneren Sachen, — wie z. B. beim Rebensaft — ist gar eine ganze Reihe von adjektivischen Bestimmungen nötig, um den Wert für den Kundigen feststellen zu lassen: ganz genaue Angabe des Ursprungsorts (bei den kostbarsten Sorten genügt nicht die Gemarkung, da muß das Rebstück bezeichnet werden), Jahrgang, Kellerei.

So genaue Qualitätsangaben verlangt und bekommt der Handel für Sachwerte; jeder Prediger würde es sich aber verbitten, wenn ihn sein Konfirmand um ebensolche Angaben ersuchen würde über Begriffe der Moral und Religion; wenn sorgsam gefragt würde, ob diese oder jene Sitte, dieser oder jener Kult aus der eigenen Heimat, aus dem nahen oder fernen Osten, aus dem 5. Jahrhundert vor oder nach Christi Geburt stamme. Sollte man Moral und Religion für weniger wertvoll halten als Weizen, Kohle, Gold?

* * *

Masse — Materie — Energie

Mit diesen Begriffen wird von den neuesten, „exakten" Forschern ebenso sprachenkritisch gespielt wie von alten und jungen Scholastikern. Im naiveren Sprachgebrauch würde Masse (z. B. im Sinne von Gewicht, seit Lavoisier) der adjektivischen Welt zugehören, als eine sinnlich zu messende Wirkung; Materie oder Stoff (ebenso wie ihr Gegenteil, die Form) der substantivischen Welt, Energie (oder Kraft) der verbalen Welt. Die vorgestellte Rechnungseinheit aller dieser Begriffe läuft aber auf eine und dieselbe Fiktion hinaus, auf den mathematischen Punkt oder das Differential, mag man nun an ein unendlich kleines Massen- oder Stoffteilchen denken oder an ein Kraftzentrum. Dieser „Punkt" gehört immer als Idee zur Mythologie der Wissenschaft, zur unbewußten Theologie.

* * *

Theologische Verben

Ich machte die Entdeckung, daß es auch Sprachäußerungen gibt, die formal zwar der verbalen Welt angehören, in Wahrheit aber der substantivischen Scheinwelt, die also den Schein des Wirkens erzeugen, von welchem man etwas „wissen" kann. Und das kam so, die Entdeckung nämlich. Es war davon die Rede, daß man sich nicht nur einer getanen Handlung „schämen" könne (sie also „bereue"), sondern auch einer Eigenschaft oder gar eines Mangels. Man sagt (sprachlich falsch): einer schäme sich seiner schlechten Kleidung, seiner Armut, oder daß er rote Haare habe oder daß er ein Jude sei oder Abrahamsohn heiße. Nicht nur die Scham ist in solchen Fällen eine falsche Scham; der Ausdruck ist falsch. Es liegt gar kein Grund vor, sich einer Tatsache zu schämen, die man nicht durch eine sogenannte freie Handlung hervorgebracht hat. (Daß das Gefühl der Scham wieder seine Folgen haben kann, nicht nur physiologische wie Erröten, sondern arge Handlungen, gehört nicht hierher.) Das Gefühl der Reue, dem der Scham sehr nahe, zeigt den Zusammenhang noch deutlicher:

man kann nur bereuen, was man selbst getan oder unterlassen hat. Nun läßt es sich aber nicht leugnen, daß viele Menschen sich (durch Erziehung, Gewohnheit, ja durch die Gemeinsprache selbst) verführen lassen, Handlungen zu bereuen, zu denen sie — wieder durch Erziehung, Gewohnheit, ja durch die bloße Macht der Sprache — genötigt worden sind. Man denke nur an die unzähligen Fälle, in denen das „Gewissen" die Handlungen oder Unterlassungen verurteilt, zu denen wir durch Landessitte, Bedürfnis oder Rücksicht (auf die Umgebung) „gezwungen" worden sind. Wir sagen „gezwungen", weil wir solche Fälle als Ausnahmefälle betrachten und darüber vergessen, daß es einen freien Willen, einen personifizierten Willen überhaupt nicht gibt, daß ein „Wille" in der Kette von Ursachen und Wirkungen gar keinen Platz hat. Daß es also, ganz abgesehen von der immer mythologischen substantivischen Welt, auch in der verbalen Welt ein „wollen" nicht gibt, es wäre denn als Bezeichnung eines bloßen Gefühls, dem ein Zweck im Verbum („ein Grab graben", „einen Strumpf stricken") gar nicht entspricht. So wurde ich zu der Entdeckung geführt, daß es verbale Gefühlsbezeichnungen gibt, Wörter von äußerster Wichtigkeit im Sprachgebrauch, die der Form nach der verbalen Welt angehören, ihrem Wesen nach aber ganz der substantivischen Welt des Scheins, des Mythos: nicht nur: „sich schämen", „bereuen", sondern auch „wollen", „sollen". Das Merkwürdigste dabei ist nun, daß nicht nur das „schämen" und „bereuen", sondern auch „wollen" und „sollen" eine frappante Ähnlichkeit haben mit den Unbegriffen, die uns in der Theologie entgegentreten. Ich finde eine Bestätigung dieser zunächst überraschenden Tatsache in einer Untersuchung von Hans Kelsen „Das Verhältnis von Staat und Recht im Lichte der Erkenntniskritik" (1921); Kelsen zitiert da sehr freundlich mein „Wörterbuch der Philosophie" (für den Willensbegriff), scheint aber gar nicht zu bemerken, daß die ganze Frage in das Gebiet der Sprachkritik hineingehört. Ihm ist es überall darum zu tun, die Ähnlichkeiten aufzudecken, die zwischen den Begriffspaaren Gott und Natur einerseits, Staat und Recht andererseits bestehen; und wirkt durch diese Gedanken überaus anregend, weil er (meines Erachtens) jahrhundertelangen Streitigkeiten über die Begriffe „Staat" und „Recht" ein Ende macht. Sprachkritik hätte beide Begriffe rascher als Scheinbegriffe auflösen können, ja sogar ihre Abhängigkeit von den Scheinbegriffen Gott und Natur. Nun heißt es aber, darüber zu sinnen, wie sich „Staat" und „Recht" — ganz abgesehen von ihrer zufälligen Sprachform — zu den drei Bildern der Welt verhalten. Nachzusinnen, ohne über dem Grübeln das Problematische aller

Hypothesen über den Ursprung der Sprache zu vergessen. Ich hatte zu dieser Selbstmahnung jüngst besondere Gelegenheit, da mir Dr. Ernst Böklen in seiner Untersuchung „Die Entstehung der Sprache im Lichte des Mythos" (1922) viel Lob gespendet hat für meine Lehre, daß alle Sprache metaphorisch sei und metaphorisch auch geworden sei. Lob verpflichtet zu doppelter Selbstkritik; nur ungerechter Tadel macht kritiklos hochmütig. Da sagte ich mir denn (nicht zum ersten Male), daß die Erkenntnis, Sprache sei metaphorisch geworden, doch niemals zu gesicherten historischen Ergebnissen führen könne. In der unausdenkbar langen Zeit der Sprachentwicklung liegt hinter jeder Epoche einer Mythenbildung, die mit der betreffenden Sprache parallel ging, eine noch ältere Epoche, über die wir nicht einmal eine Vermutung äußern dürfen. So kann ich in dem Buche Böklens die Behauptung, die Sprache sei *nicht* zum Zwecke der Verständigung erfunden, als tiefsinnig und zielweisend anerkennen, kann die zweite Behauptung, die Sprache sei ein religiöser Akt, fast als eine Erweiterung meiner Lehre von der Metaphorik der Sprache gelten lassen, muß aber gegen den beherrschenden Gedanken Böklens, die Sprache sei ein Ausdrucksmittel des Mondkultus, den Einwand erheben: hier sei bestenfalls ein *Beispiel* zur Sprachentstehung gegeben, nicht eine Lösung des Rätsels. Was wissen wir — historisch — darüber, ob die Mondanbetung der älteste Kultus gewesen sei, auch wenn viel dafür spricht, daß der zeitmessende Mond früher angebetet wurde (in den heißen Ländern) als die unbequeme Sonne? Was wissen wir — historisch — darüber, ob die Sprachanfänge nicht älter anzusetzen sind als die Anfänge der Mondreligion? (Alle diese Einwände gegen das Erraten der ältesten Wurzelbedeutungen hat bereits Steinthal erhoben in seinem „Ursprung der Sprache".)

Ich kehre zurück zu der Untersuchung Kelsens, die der genauen begrifflichen Unterscheidung von „Staat" und „Recht" gewidmet ist. Man unterscheide da gewöhnlich am Staate die reale (oder auch soziale) Seite, von welcher aus gesehen der Staat sich als Macht darstellt, und die ideale Seite, von welcher aus gesehen der Staat der Vertreter des Rechts sein will. Es frage sich nur zunächst, wie der Staat, der omnipotente, der auch das Recht erst erzeugt, d. h. verordnet hat, diesem Rechte untertan sein könne. Kelsen hat nun von Vaihinger gelernt, was er früher aus der Kritik der Sprache hätte erfahren können, daß der Begriff „Staat" eine Fiktion sei, wie „Seele" oder „Kraft" und daß die Fiktion „Staat" eine Personifikation sei, die einen Willen hypostasiere. Eine ganz mythologische Vorstellung, die die Absicht des Staates theoretisch in einen Machtwillen und einen Rechtswillen zerspaltet, beide Tendenzen dann wieder vereinigt und so — in der Theorie — einem die Vernunft befriedigenden Rechtsstaate zustrebt. Wie — und das ist der geistreiche Einfall Kelsens — der Gegensatz von Gott und Natur in einem rationalistischen Pantheismus aufgehoben wird. Aus diesem Anlaß findet Kelsen den Zugang zu der Erkenntnis, daß der Willensbegriff (eine Fiktion von Personifikationen) theologisch gefärbt ist, daß er, als eine ernstliche Psychologie entstand, von ihr bereits vorgefunden wurde, als ein Produkt der Theologie, der Ethik, der Jurisprudenz und anderer unfreier „Wissenschaften". Dieser Wille galt, aus theologischen Gründen, für frei. Die Psychologie gelangte nur zu einem unfreien, einem determinierten Willen, und der ist ein hölzernes Eisen. Unsere ganze Psychologie kann auf den Willensbegriff verzichten. Ganz gewiß auf das Substantiv „Wille", einen Scheinbegriff wie „Seele", „Kraft", „Gott". Wie aber steht es um das „Wollen" der verbalen Welt, um den Ausdruck des Gefühls „wollen"? Nebenbei: wir haben das Gefühl eines freien Wollens, weil wir ein Gefühl des Wollens überhaupt haben.

Zunächst möchte ich da zwischen dem wirklich zu beobachtenden Willensgefühl des Individuums und dem hypostatierten Willensgefühl des Staates unterscheiden. Der Einzelne handelt, auch wenn er nur ißt und trinkt, und erblickt in dem begleitenden Willensgefühl eine unmittelbar vorausgehende Ursache (eine verbale) seiner Handlung. Der Staat hat keine Organe, hat kein gemeinsames Sensorium, kennt also weder das Gefühl einer Handlung noch das Begleitgefühl des Handlungswillens als einer Ursache. Nur metaphorisch kann von Handlungen oder Willensakten des Staates gesprochen werden, man wollte denn die Ergebnisse von Abstimmungen für Handlungen oder Wollungen erklären. Denn selbst in den überaus seltenen Fällen, wo ein Staat nach dem bewußten Willen eines Einzelnen gelenkt wird (Napoleon), ist dieser Wille nicht frei, sondern eine Resultierende aus den Forderungen der Umwelt. Die Willenstendenz des einzelnen Staatsangehörigen zu den Handlungen seines Staates äußert sich gar nur in Gefühlen der Zufriedenheit oder Unzufriedenheit, in Gefühlen, die sich auch so ausdrücken lassen: was mein Staat will und tut, in diesem besonderen Falle, das ist richtig, das ist unrichtig; oder: das eine muß sein, das andere soll sein. Da wären wir denn unversehentlich zu dem Problem von Kelsen zurückgelangt, zu dem Problem: Staat und Recht. Und zu dem Vergleiche mit der Theologie. Auf dem Gebiete der Erkenntnis nennt der Mensch sein Objekt immer Gott, während er eigentlich immer die Natur zu erklären sucht; auf dem Gebiete des

Handelns nennt der Mensch sein Problem immer
„Recht", während er sich nur um den Staat zu bekümmern glaubt. Und strebt da dem Rechtsstaate
zu wie dort dem Pantheismus. Wir irren aber, wenn wir uns nur auf bekanntem
Boden zu bewegen glauben, weil unsere Gemeinsprache die Wörter „Staat", „Recht", „wollen",
„sollen", in ihrem Gebrauche hat. Zwar über
„Staat" und „Recht" können wir sofort aussagen,
daß wir es da mit Begriffen der substantivischen,
mythologischen Scheinwelt zu tun haben; neu ist
da am Ende nur die Einsicht, daß „Staat" ungefähr das ist, was wir „wollen", „Recht" ungefähr
das, was wir „sollen". Was ist das aber mit dem
Wollen und Sollen? Unsere alte Formel von einem
Zweck im Verbum brauchen wir freilich nicht preiszugeben, wenn es uns nur um die Formel zu tun
sein sollte; man will ein Tun, man soll eine Pflicht;
so ist die Formel gerettet; aber das Wollen läßt sich
nicht (wie beim „Grab graben") in mikroskopische
Ursachenatome des Tuns auflösen, das Sollen nicht
in mikroskopische Ursachen einer Pflicht. Das
Wollen und das Sollen sind nur Begleitgefühle, Gefühle, die übrigens zu der Idee der Notwendigkeit
in einer seltsamen, biologischen Verbindung stehen.
Was wir *wollen*, erscheint uns frei, damit wir es
gern tun; was wir *sollen*, erscheint uns als ein Muß,
damit wir es eben tun; auch gegen unseren Instinkt.

Der Zweck im Verbum fehlt da und dort; wollen, sollen ist nur ein nach Analogie der Verben gebildeter Gefühlsausdruck. Es gibt einen solchen Zweck im Verbum mitunter (nicht oft) ganz natürlich, wie bei den Gefühlen, die biologisch von Bedeutung sind, wie bei den verbalen Gefühlen der Lust und des Ekels. Wollust z. B., nicht gelenkt vom Gefühle des Liebens, begleitet gar von dem Gefühle des Ekels, ist ein Verbrechen gegen die Natur; „lieben", „sich ekeln" sind also noch echte Verben, mit einem verborgenen Zwecke, Integrale der Wirklichkeitswelt. Es kann aber so ein Zweck im Verbum anerzogen, erschlichen, *eingeredet* werden (durch die Sprache *eingesprochen*), der also Gefühlsverben vortäuscht, von denen uns kein Weg zu der Wirklichkeitswelt führt. Die Menschen *wollen* nie etwas (der singulare Ausdruck für den Plural „die Menschen", der bildliche Ausdruck „der Mensch", ist seit Stirner doch wohl unanständig geworden), was *der* Mensch verabscheut, z. B. den Tod, es wäre denn ein Staat von Ausnahmenaturen, die es in der nötigen Menge niemals gibt; nur wo die Menschen als Masse noch an einen Zweck des Staates *glauben*, da einigen sie sich auf einen solchen Willen. Die Menschen sollen niemals etwas, was ihrem Wollen entgegen ist, außer sie *glauben* an ein Recht, das noch höher steht und noch mächtiger ist als ihr Wollen. Die Menschen schämen sich einer Tat (der Einzelne einer einzelnen Tat) nur dann, sie bereuen (der Einzelne wie oben) eine Tat nur dann, wenn die Folgen sich als unverhältnismäßig schädlich herausgestellt haben, oder wenn sie zum Glauben an solche Schädlichkeit überredet worden sind, durch Sprüche überredet. Alle diese und sehr viele ähnliche Gefühlsbezeichnungen werden also durchaus durch Wörter ausgedrückt, die die Form von Verben besitzen, sich aber durch keinen Zweck im Verbum ausweisen können; es wäre denn, daß man den substantivischen Zweck im Verbum („Grab" graben) ersetzen wollte durch ein Scheinding, an dessen Wirklichkeit die Gemeinsprache zu glauben gewöhnt hat. Das Scheinding muß nicht immer im Akkusativ des Objekts dastehen; es kann auch „nur" ein Wunder „zu" einer Gottheit gebetet werden; auch „beten" ist ein Verbum, welchem ein Zweck fehlt. Anstatt also diese Verben zu beschuldigen, daß sie Scheinhandlungen bezeichnen, wie die Substantive Scheindinge, bin ich geneigt, sie theologische Verben zu nennen, wodurch der „Wissenschaft" der Theologie die gebührende Ehre erwiesen wird. Es wird ein Strich gezogen zwischen ihren Scheinverben, und der ehrlich substantivischen Scheinwelt der Mystik.

* * *

Überall drei Welten. Der Schauspieler

Er ist ein Künstler. Er hat sich wochenlang in eine Rolle versenkt. Und jetzt gestaltet er, so oft er auf der Bühne steht, von 7—10 Uhr: Sein Tiefstes gibt er, sein Bestes ist er. Ein armer Teufel, wenn er nicht ein schaffender Gott ist. Unnahbar. Ein freier Geist.

Er ist, auch wenn er ein Gott ist, in den Pausen und — Schmach und Gram! — auch in störenden oder gestörten Augenblicken des Schaffens ein unfreier Knecht. Knecht des Pöbels und seines Berufs. Werden sie Beifall klatschen? Ihm mehr als den anderen? Oder weniger? Wird man ihm das Stichwort so bringen, wie er es erwarten darf? Wirkt die Schminke, wie er es gewollt? Merkt man nicht, daß er sich jünger stellt als er ist? Jünger? Nach welchem Kalender?

Er ist ein armer Mensch. Nach 10 Uhr. Wenn er heim kommt. Zu seiner Geliebten oder zu der alternden Frau und den anspruchsvollen Kindern. Rechnungen. Schulden. Hunger. Auch Durst. Kommt er da heim? Oder ist seine Rolle sein Heim? Oder ist die Kulisse sein Heim?

Welche von diesen Welten ist seine wahre Welt?

* * *

Ausklang

Es bleibt mir noch übrig, einige arme Worte zu suchen über eine Sehnsucht, die keine Aufgabe sein kann, über einen Wunsch, an dessen Erfüllung ich weder zweifeln noch glauben kann, über den Drang, die drei Bilder der Welt zu einem gemeinsamen, wahren Bilde zu vereinigen. Keines der drei Bilder kann richtig sein, weil jedes mit dem Fluche seiner besonderen Bildsprache belastet ist; die Vereinigung wird wahrscheinlich nicht möglich sein, weil eine Vereinigung der drei Sprachen — bisher wenigstens — nicht anders möglich war als in einer unseren Gemeinsprachen, die eben zur Welterkenntnis noch ungeeigneter sind als die von mir im Geiste erdachten Teilsprachen der drei allein möglichen Weltansichten. Ein Gleichnis möge mir helfen, die Unfähigkeit des menschlichen Denkens für eine solche letzte Arbeit deutlich zu machen. Man hat Lichtbilder mit sogenannten natürlichen Farben zu erfinden versucht. Man hat mit außerordentlicher Pfiffigkeit drei Grundfarben angenommen, aus deren Mischung alle irgend bekannten Farben der Erfahrung herzustellen sind, hat dann mit Hilfe von

Lichtfiltern drei verschiedene Aufnahmen des gleichen Gegenstandes hergestellt, eine jede nach einer der drei Grundfarben, und hat endlich die natürlichen Farben dadurch zu erreichen gesucht, daß man die drei Teilbilder zur Deckung brachte. Der Erfolg war hübsch und überraschend; doch von Lichtbildern in natürlichen Farben kann im Ernste nicht die Rede sein. Zunächst müssen die Herren selbst zugeben, daß sie zur Färbung beim Druckverfahren nicht die reinen Grundfarben des Sonnenspektrums verwenden können, sondern nur die verunreinigten Farben chemischer Körper. Aber der eigentliche Fehler des Verfahrens liegt noch tiefer: auch die Lichtfilter, die für die Teilbilder benützt werden, sind ja nach dem zufälligen Farbensinne bestimmter Menschen ausgewählt und gewähren keine Sicherheit dafür, daß die Teilbilder den erdachten Grundfarben entsprechen. Ich brauche nicht erst darzulegen, daß ebenso die Filter des menschlichen Verstandes nicht übermenschlich genug sind, um eine der drei Teilsprachen in genauer Auslese zu bilden, daß also eine Deckung der drei Bildsprachen kein natürliches Gesamtbild der einen Welt hervorbringen könnte.

In dem unbesiegbaren Drange, dennoch über die notwendige Scheidung der drei Bilder zu ihrer Verbindung zurückzugelangen, zu dem einen Bilde der einen Welt, schien mir in guter Stunde ein anderer

Weg gangbar, dessen Beschreitung für die kurze Dauer der guten Stunde kein bloßes Gleichnis schien. Was ich in mühsamer Gedankenarbeit zu fassen suchte, die Zerspaltung der menschlichen Aussäglichkeiten und ihre Verteilung auf die drei Sprachen der drei allein möglichen Weltbilder, das hatte vorher kein Erkenntnissuchen gesehen oder geahnt, das hatten aber von jeher die Künstler fröhlich geübt. Ich will gleich zugeben, daß die drei Künste, die ich jetzt meinen drei Kategorien gegenüber stellen will, mit einiger Willkür ausgewählt sind, sich nicht mit so ausschließender Strenge sondern und ergänzen wie die drei Kategorien. Ganz unnütz mag aber die Gegenüberstellung doch nicht sein.

Überall wo echte Kunst waltet — vielleicht selbst wieder ein unerreichbares Ideal, dem die Größten sich nur annähern können —, begreift ein Genie die eine Welt ohne Begriffe, ohne Sprache. Vielleicht gibt es auch im echten Denken, der sogenannten Philosophie, solche Weihestunden des wortlosen Begreifens. Morgenstunden des Erwachens, wo plötzlich der Schleier des Tages fällt und wie in taghellerr Nacht der Zugang zu dem Geheimnisse des All-Einen offen steht. Der Zugang schließt sich wieder, sobald der Sucher den ersten Schritt auf dem geschauten Wege zu gehen wagte. Die Helle wird wieder dunkel, sobald er die Augen öffnet. Das Begreifen zerfällt, sobald er es für sich oder andere in Begriffe oder Worte bannen will. Das All-Eine war nur im schweigenden Ich verbunden; beim ersten lauten Worte verschwindet herabstürzend jede Einheit, auch die des Ich. Nichts läßt sich mehr sagen.

* * *

Ebenfalls im SEVERUS Verlag erhältlich:

Otto Brahm
Das deutsche Ritterdrama
Studien über Joseph August von Törring,
seine Vorgänger und Nachfolger
SEVERUS 2010 / 248 S. / 29,50 Euro
ISBN 978-3-942382-93-9

Der gebürtige Hamburger Otto Brahm, Begründer des deutschen Bühnenrealismus, gilt als einer der bedeutendsten Theaterkritiker seiner Zeit.

Mit der vorliegenden Studie bietet Brahm einen faszinierenden Einblick in die Werke und das Leben von Joseph August von Törring sowie dessen Vorgänger und Nachfolger. Darüber hinaus zeigt er Verbindungen zu Shakespeare auf. Er analysiert Dramen und Gedichte mit beeindruckender Präzision und entwickelt – geprägt durch seine langjährige Theater-Erfahrung – völlig neue Sichtweisen.

Brahm bekannt für seine Forderung nach Ausrichtung der Kunst auf Wirklichkeit, hatte durch seinen Realismus großen Einfluß auf das 20. Jahrhundert.

www.severus-verlag.de

Ebenfalls im SEVERUS Verlag erhältlich:

Theodor Elsenhans
Fries und Kant
Ein Beitrag zur Geschichte und zur systematischen Grundlegung der Erkenntnistheorie
SEVERUS 2010 / 380 S./ 39,50 Euro
ISBN 978-3-942382-36-6

Theodor Elsenhans präsentiert mit seiner Habilitationsschrift eine systematische und kritische Auseinandersetzung mit den Lehren J.F. Fries. Er unternimmt den Versuch, den extremen Realismus sowie den prä-empirischen Apriorismus dadurch zu überwinden, indem er die experimentelle Erzeugung von Erkenntnisformen mit dem Wissen von ihrer absoluten Gültigkeit vereint. Dieser Band umfaßt den historischen Teil, der als Vorbereitung der eigentlichen Untersuchung gilt. Er beleuchtet das Verhältnis der Friesischen Erkenntnistheorie zu derjenigen Kants kritisch-objektiv und dient nicht nur zur vollständigen Erklärung der Friesischen Philosophie, sondern trägt darüber hinaus auch zum Verständnis der Kantischen Philosophie bei. Das besondere an Elsenhans Untersuchung ist, dass er darüber hinaus mit der Konstruktion einer Erkenntnistheorie aufwartet, die auf der Auseinandersetzung mit den Lehren Kants beruhen, jedoch vom Standpunkt der Problemstellung seitens Fries erfolgen.

www.severus-verlag.de

Ebenfalls im SEVERUS Verlag erhältlich:

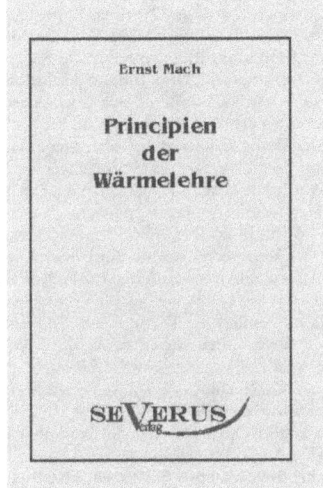

Ernst Mach
Die Principien der Wärmelehre
SEVERUS 2010 / 492 S. / 49,50 Euro
ISBN 978-3-942382-06-9

„Mach war seiner geistigen Entwicklung nach nicht ein Philosoph, der sich die Naturwissenschaften als Objekt seiner Spekulationen wählte, sondern ein vielseitig interessierter, emsiger Naturforscher, dem die Erforschung auch abseits vom Brennpunkt des allgemeinen Interesses gelegener Detailfragen sichtlich Vergnügen machte." (Albert Einstein)

Der Physiker, Philosoph und Wissenschaftstheoretiker Ernst Mach (1838 – 1916) entwickelt in diesem Buch eine detaillierte Darstellung der historischen Entwicklung der Prinzipien der Wärmelehre und bereichert diese um seine eigenen, eng an der sinnlichen Wahrnehmung orientierten Theorien. Ganz bewußt sucht er dabei auch den Disput mit traditionellen Lehrmeinungen, um einen Prozeß kritischer Selbstreflexion in der Physik zu beginnen. Machs strikt empiristische wissenschaftliche Arbeit und seine Ablehnung metaphysischer Spekulation beeinflußten maßgeblich den Charakter der modernen Naturwissenschaften.

www.severus-verlag.de

Bisher im SEVERUS Verlag erschienen:

Achelis, Th. Die Entwicklung der Ehe * **Andreas-Salomé, Lou** Rainer Maria Rilke * **Arenz, Karl** Die Entdeckungsreisen in Nord- und Mittelafrika von Richardson, Overweg, Barth und Vogel * **Aretz, Gertrude (Hrsg)** Napoleon I - Briefe an Frauen * **Ashburn, P.M** The ranks of death. A Medical History of the Conquest of America * **Avenarius, Richard** Kritik der reinen Erfahrung * Kritik der reinen Erfahrung, Zweiter Teil * **Bernstorff, Graf Johann Heinrich** Erinnerungen und Briefe * **Binder, Julius** Grundlegung zur Rechtsphilosophie. Mit einem Extratext zur Rechtsphilosophie Hegels * **Bliedner, Arno** Schiller. Eine pädagogische Studie * **Blümner, Hugo** Fahrendes Volk im Altertum * **Brahm, Otto** Das deutsche Ritterdrama des achtzehnten Jahrhunderts: Studien über Joseph August von Törring, seine Vorgänger und Nachfolger * **Braun, Lily** Lebenssucher * **Braun, Ferdinand** Drahtlose Telegraphie durch Wasser und Luft * **Büdinger, Max** Don Carlos Haft und Tod insbesondere nach den Auffassungen seiner Familie * **Burkamp, Wilhelm** Wirklichkeit und Sinn. Die objektive Gewordenheit des Sinns in der sinnfreien Wirklichkeit * **Caemmerer, Rudolf Karl Fritz** Die Entwicklung der strategischen Wissenschaft im 19. Jahrhundert * **Cronau, Rudolf** Drei Jahrhunderte deutschen Lebens in Amerika. Eine Geschichte der Deutschen in den Vereinigten Staaten * **Cushing, Harvey** The life of Sir William Osler, Volume 1 * The life of Sir William Osler, Volume 2 * **Eckstein, Friedrich** Alte, unnennbare Tage. Erinnerungen aus siebzig Lehr- und Wanderjahren * **Eiselsberg, Anton Freiherr von** Lebensweg eines Chirurgen. * **Elsenhans, Theodor** Fries und Kant. Ein Beitrag zur Geschichte und zur systematischen Grundlegung der Erkenntnistheorie. * **Engel, Eduard** Shakespeare * **Ferenczi, Sandor** Hysterie und Pathoneurosen * **Fourier, Jean Baptiste Joseph Baron** Die Auflösung der bestimmten Gleichungen * **Frimmel, Theodor von** Beethoven Studien I. Beethovens äußere Erscheinung * Beethoven Studien II. Bausteine zu einer Lebensgeschichte des Meisters * **Fülleborn, Friedrich** Über eine medizinische Studienreise nach Panama, Westindien und den Vereinigten Staaten * **Goette, Alexander** Holbeins Totentanz und seine Vorbilder * **Goldstein, Eugen** Canalstrahlen * **Griesser, Luitpold** Nietzsche und Wagner - neue Beiträge zur Geschichte und Psychologie ihrer Freundschaft * **Heller, August** Geschichte der Physik von Aristoteles bis auf die neueste Zeit. Bd. 1: Von Aristoteles bis Galilei * **Helmholtz, Hermann von** Reden und Vorträge, Bd. 1 * Reden und Vorträge, Bd. 2 * **Kalkoff, Paul** Ulrich von Hutten und die Reformation. Eine kritische Geschichte seiner wichtigsten Lebenszeit und der Entscheidungsjahre der Reformation (1517 - 1523), Reihe ReligioSus Band I * **Kerschensteiner, Georg** Theorie der Bildung * **Krömeke, Franz Friedrich Wilhelm** Sertürner - Entdecker des Morphiums * **Külz, Ludwig** Tropenarzt im afrikanischen Busch * **Leimbach, Karl Alexander** Untersuchungen über die verschiedenen Moralsysteme * **Liliencron, Rochus von / Müllenhoff, Karl** Zur Runenlehre. Zwei Abhandlungen * **Mach, Ernst** Die Principien der Wärmelehre * **Mausbach, Joseph** Die Ethik des heiligen Augustinus. Erster Band: Die sittliche Ordnung und ihre Grundlagen * **Müller, Conrad** Alexander von Humboldt und das Preußische Königshaus. Briefe aus den Jahren 1835-1857 * **Oettingen, Arthur von** Die Schule der Physik * **Ostwald, Wilhelm** Erfinder und Entdecker * **Peters, Carl** Die deutsche Emin-Pascha-Expedition * **Poetter, Friedrich Christoph** Logik * **Popken, Minna** Im Kampf um die Welt des Lichts. Lebenserinnerungen und Bekenntnisse einer Ärztin * **Rank, Otto** Psychoanalytische Beiträge zur Mythenforschung. Gesammelte Studien aus den Jahren 1912 bis 1914. * **Rubinstein, Susanna** Ein individualistischer Pessimist: Beitrag zur Würdigung Philipp Mainländers * Eine Trias von Willensmetaphysikern: Populär-philosophische Essays * **Scheidemann, Philipp** Memoiren eines Sozialdemokraten, Erster Band * Memoiren eines Sozialdemokraten, Zweiter Band * **Schweitzer, Christoph** Reise nach Java und Ceylon (1675-1682). Reisebeschreibungen von deutschen Beamten und Kriegsleuten im Dienst der niederländischen West- und Ostindischen Kompagnien 1602 - 1797. * **Stein, Heinrich von** Giordano Bruno. Gedanken über seine Lehre und sein Leben * **Thiersch, Hermann** Ludwig I von Bayern und die Georgia Augusta * **Tyndall, John** Die Wärme betrachtet als eine Art der Bewegung, Bd. 1 * Die Wärme betrachtet

www.severus-verlag.de

als eine Art der Bewegung, Bd. 2 * **Virchow, Rudolf** Vier Reden über Leben und Kranksein * **Wecklein, Nikolaus** Textkritische Studien zu den griechischen Tragikern * **Wernher, Adolf** Die Bestattung der Toten in Bezug auf Hygiene, geschichtliche Entwicklung und gesetzliche Bestimmungen * **Weygandt, Wilhelm** Abnorme Charaktere in der dramatischen Literatur. Shakespeare - Goethe - Ibsen - Gerhart Hauptmann * **Wlassak, Moriz** Zum römischen Provinzialprozeß * **Wulffen, Erich** Kriminalpädagogik: Ein Erziehungsbuch

www.ingramcontent.com/pod-product-compliance
Lightning Source LLC
Chambersburg PA
CBHW061349300426
44116CB00011B/2047